그리스 로마 신화
인물사전

신화를 알면 많은 **일들**이
일어나기 **시작**한다

그리스 로마 신화
인물사전 4 ㅂㅅ

박규호 · 성현숙 · 이민수 · 김형민 지음

한국인문고전연구소

차례

바실레이아 Basileia ···· 8

바실리스크 Basilisk ···· 11

바우보 Baubo ···· 14

바우키스 Baucis ···· 17

바토스 Battus ···· 23

바톤 Baton ···· 27

발리오스 Balius ···· 31

벨레로폰테스 Bellerophontes ···· 35

벨로스 Belus ···· 42

보레아스 Boreas ···· 46

보이오토스 Boetus ···· 52

브론테스 Brontes ···· 57

브리세이스 Briseis ···· 62

브리아레오스 Briareos ···· 67

브리토마르티스 Britomartis ···· 71

비블리스 Byblis ···· 77

비아 Bia ···· 82

사르페돈 Sarpedon ···· 86

사온 Saon ···· 91

사티로스 Satyros ···· 93

산가리오스 Sangarios ···· 98

살라미스 Salamis ···· 101

살라키아 Salacia ···· 104

살마키스 Salmacis ···· 107

살모네우스 Salmoneus   ···· III

세멜레 Semele   ···· II5

세이레네스 Seirens, Siren, Sirens   ···· II9

셀레네 Selene   ···· I24

솔 Sol   ···· I29

스카만드로스 Scamandros   ···· I32

스키론 Sciron   ···· I36

스키테스 Scythes   ···· I40

스킬라 Scylla, 공주   ···· I43

스킬라 Scylla, 바다 괴물   ···· I47

스테로페스 Steropes   ···· I5I

스틱스 Styx   ···· I6I

스파르타 Sparta   ···· I66

스파르토이 Spartoi   ···· I69

시노페 Sinope   ···· I72

시논 Sinon   ···· I75

시니스 Sinis   ···· I80

시데 Side   ···· I84

시링크스 syrinx   ···· I87

시빌레 Sibylle   ···· I9I

시시포스 Sisyphus   ···· I97

실레노스 Silenus   ···· 203

실비우스 Silvius   ···· 208

• 참고문헌   ···· 2I2

일러두기

1. 본문의 인명 및 지명은 그리스어와 라틴어를 혼용하여 쓰고 있으나 원전을 살리되, 통용
되는 명칭은 그대로 사용하였다.
2. 본문의 서명書名은 『 』, 음악 미술 등의 작품명은 〈 〉로 표기한다.
3. 본문의 그림 설명은 작품 제목, 종류, 작가 이름, 제작 시기, 보관처출처, 기타 설명 순이다.

ㅂ

그 리 스 로 마 신 화 인 물 사 전

Greek Roman mythology Dictionary

바실레이아 Basileia

요약

  그리스 신화에 나오는 우라노스와 티타이아(가이아)의 딸이다.
  티탄 형제들의 맏이로 남동생 히페리온과 결혼하여 헬리오스와 셀레네를 낳았다. 형제들의 시기로 남편과 자식을 모두 잃고 실성하여 들판을 헤매다 홀연 자취를 감추었는데 사람들에 의해 대모신(大母神)으로 숭배되었다.

기본정보

구분	티탄 신족
상징	위대한 어머니, 왕국, 천국
외국어 표기	그리스어: Βασίλεια
어원	여왕
별칭	테이아, 키벨레
가족관계	가이아의 딸, 히페리온의 아내, 헬리오스의 어머니

인물관계

  바실레이아는 우라노스와 티타이아(가이아) 사이에서 태어난 딸로 티탄 형제들 중 맏이다. 남동생 히페리온과 결혼하여 헬리오스와 셀레네를 낳았다.

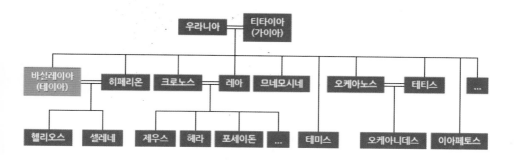

신화이야기

티탄족의 맏딸

디오도로스 시켈로스의 전승에 따르면 바실레이아는 우라노스와 티타이아(가이아)의 맏딸로 동생인 티탄 형제들을 어머니와 함께 키웠다고 한다.(티타이아는 '티탄들을 낳은 어머니'로 티탄이라는 명칭은 그녀의 이름에서 나왔다)

헤시오도스의 『신들의 계보』에서 티탄 신족은 하늘의 신 우라노스와 대지의 여신 가이아 사이에서 태어난 자식들이다. 바실레이아는 『신들의 계보』에서 히페리온과 결혼하여 헬리오스, 에오스, 셀레네 등을 낳은 티탄 여신 테이아와 같은 인물로 보인다.

해와 달이 된 헬리오스와 셀레네

바실레이아는 정숙하고 총명하여 모두의 사랑을 받았다. 그녀는 남동생 히페리온과 결혼하여 헬리오스와 셀레네를 낳았는데, 그러자 다른 티탄 형제들이 그녀의 남편이 된 히페리온을 시기하여 살해하고 아들 헬리오스는 에리다노스 강에 던져 죽였다. 셀레네는 오라비의 죽음을 슬퍼하여 지붕 위에서 몸을 던져 스스로 목숨을 끊었다. 헬리오스와 셀레네 남매는 각각 해와 달이 되었다.

위대한 어머니 바실레이아

꿈을 통해 이 모든 사실을 알게 된 바실레이아는 실성하여 딸이 가지고 놀던 북과 징을 두들기며 온 나라를 헤매고 다녔다. 그러던 어느 날 이를 보다 못한 어떤 사람이 그녀를 멈춰 세웠다. 그러자 거센 폭풍이 휘몰아치면서 바실레이아가 모습을 감추었다.

그 후 바실레이아는 자식들과 마찬가지로 신의 반열에 올라 '대모신(大母神)'으로 숭배되었으며 종종 키벨레와 동일시되기도 했다.

또 다른 바실레이아

그리스 신화에서 바실레이아는 그밖에 여러 인물로 등장한다.

바실레이아는 원래 '여왕'을 뜻하는 말로 왕국을 인격화한 명칭으로도 쓰인다. 기독교와 유대교에서는 바실레이아를 하느님의 나라, 즉 천국을 뜻하는 말로 사용한다.

고대 그리스의 작가 아리스토파네스는 희극 〈새〉에서 바실레이아를 제우스의 번개를 간수하는 시녀로 묘사하였다.

바실레이아는 그밖에도 그리스 신화에 나오는 여러 여신들의 별칭으로 사용되었다.

바실리스크 **Basilisk**

요약

그리스 로마 시대부터 중세에 이르기까지 유럽의 전설과 신화에 등장하던 상상의 괴물이다.

바실리스크
울리세 알드로반디(Ulisse Aldrovandi)의
『뱀과 용의 이야기』에 실린 삽화, 1640년

수탉의 머리에 뱀의 몸을 한 모습이며 매우 강력한 독을 지니고 있어 그 숨결만 맡아도 목숨을 잃었다.

중세 유럽의 전설적인 괴물 코카트리케(혹은 코카트리스)와 동일시된다.

기본정보

구분	괴물
상징	죽음, 악마, 죄악, 적그리스도
외국어 표기	그리스어: βασιλίοκος
어원	작은 왕
별칭	코카트리케

신화이야기

그리스 로마 시대의 바실리스크

바실리스크는 그리스 로마 시대 전설에 등장하는 상상의 동물로 그 존재를 최초로 언급한 이는 기원전 5세기의 그리스 철학자 데모크리토스라고 한다.

1세기 무렵 로마 시대의 학자 플리니우스는 그의 『박물지』에 바실리스크에 대한 상세한 기록을 남기고 있다. 그에 따르면 바실리스크는 아프리카와 아시아 지역에 서식하는 독사의 일종으로 크기는 25센티미터 정도이고 머리에는 흰 반점이 마치 왕관을 쓴 것처럼 나 있다고 한다.

> "바실리스크가 쉿쉿 소리를 내며 나타나면 모든 뱀들이 꽁무니를 뺀다. 그러면 그놈은 다른 뱀들처럼 구불거리지 않고 거만하게 반쯤 몸을 꼿꼿이 세운 채 지나간다. 독이 몹시 강력해서 직접 접촉하지 않아도 그 숨결만으로 나무와 풀이 시들고 바위가 쪼개진다. 말을 탄 채 창으로 찌른다 해도 독이 창을 타고 올라가 말 탄 기사뿐만 아니라 말까지 죽고 만다."

중세의 바실리스크

중세에 들어 바실리스크는 점점 과장된 형태로 묘사되었다. 바실리스크는 노른자가 없는 달걀이나 늙은 수탉이 낳은 달걀을 두꺼비나 뱀이 품어서 혹은 똥더미 속에서 부화되어 세상에 태어나고, 도저히 참을 수 없는 악취를 풍기며 커다란 날개로 날아다니며 불을 내뿜고, 심지어 시선이 마주친 사람을 돌로 만들어버린다고도 했다. 주로 우물 속이나 지하창고에 사는 이 괴물을 없애는 방법은 쇠로 된 거울을 보게 하여 자신이 돌로 변하게 하는 수밖에 없다고도 하고 족제비가 천적이라고도 한다. 또 수탉의 울음소리를 들으면 바실리스크가 죽는다는 이야기도 있다.

바실리스크에 대한 이 시기의 묘사는 대체로 중세의 전설적인 괴물 코카트리케(혹은 코카트리스)의 그것과 유사하며 실제로 둘은 동일시될 때가 많았다.

바실리스크의 상징성

바실리스크는 죽음, 악마, 죄악, 적그리스도 등을 상징하는 동물로 여겨졌다. 중세의 성화에는 예수가 바실리스크를 발로 짓밟고 있는 그림이 자주 등장한다.

15세기 무렵에 유럽 전역에 확산되었던 매독을 바실리스크의 독이라고 불렀으며 상대를 너무 날카롭게 쳐다보는 시선을 바실리스크의 눈이라고 표현하기도 한다.

바우보 Baubo

요약

그리스 신화에 나오는 엘레우시스의 여인이다.

하계의 신 하데스에게 납치된 딸 페르세포네를 찾아 온 세상을 돌아다니던 데메테르가 엘레우시스에 들렀을 때 따뜻하게 맞아주고, 그녀의 시름을 덜어주기 위해 치마를 들어 올려 자신의 벌거벗은 하체를 내보이는 우스꽝스러운 짓을 하였다.

기본정보

구분	신화 속 인물
상징	여성의 성기, 음란한 농짓거리
외국어 표기	그리스어: Βαυβώ
어원	품, 음부
관련 신화	데메테르와 페르세포네, 엘레우시스 신비의식

인물관계

바우보는 디사울레스와 결혼하여 아들 트리프톨레모스와 에우불레

우스, 딸 프로토노에와 니사를 낳았다. 전승에 따라 트리프톨레모스는 엘레우시스의 왕 켈레오스와 메타네이라의 아들이라고도 한다.

신화이야기

바우보와 데메테르

  바우보는 엘레우시스에 사는 여인으로 디사울레스의 아내이다. 그녀는 데메테르 여신이 하계의 신 하데스에게 납치된 딸 페르세포네를 찾아 전국을 떠돌다 엘레우시스에 이르렀을 때 따뜻하게 맞아주었다. 바우보는 딸을 찾아 헤매느라 지친 데메테르에게 키케온(물과 보릿가루와 박하를 섞어서 만든 묽은 죽과 같은 음료)을 권했지만 비탄에 잠긴 여신은 먹으려 하지 않았다. 아무리 이런저런 말로 위로하고 달래도 여신이 도무지 기운을 차리려 하지 않자 바우보는 다른 방법을 생각해냈다. 그녀는 방으로 들어가 자기 하체의 털을 모두 밀어버린 다음 다시 여신에게로 가서 우스갯소리를 건네며 치마를 들어올려 어린아이처럼 매끈해진 자기 음부를 보여주었다. 그러자 곁에 있던 어린 신 이악코스가 깔깔대며 웃었고 데메테르도 따라서 웃기 시작했다. 기분이 좋아진 데메테르는 바우보가 건넨 키케온을

바우보
프리에네 유적지에서 출토된 테라코타
연대 미상

ㅂ

15

맛있게 먹었다.

또 다른 전승에서는 데메테르에게 우스꽝스러운 몸짓을 해보인 여인이 바우보가 아니라 메타네이라 왕비의 시종 이암베였다고 한다.

바우보 테라코타

바우보 신화는 사라진 딸 페르세포네를 찾아 세상을 떠돌던 데메테르 여신이 자신을 따뜻하게 맞아준 엘레우시스 사람들에게 가르쳐주었다는 엘레우시스 신비의식과 관련이 있다. 바우보와 데메테르의 이야기는 엘레우시스의 데메테르 숭배의식에서 행해지던 음란한 농짓거리가 신화의 형태로 전해진 것으로 보인다. 여기서 바우보가 치마를 들어 올려 음부를 내밀어 보이는 행위는 디오니소스 숭배의식에서 남근을 과시하는 행위와 비교된다. 프리에네의 데메테르 신전에서는 벌거벗은 하체를 드러낸 여자가 얼굴 형태로 표현된 점토상들이 출토되었는데 이것들은 디오니소스 숭배와 관련이 있는 남근상(Fascinus)과 마찬가지로 액운을 막아주는 부적으로 사용되었던 듯하다.

바우키스 Baucis

요약

프리기아 지방에 사는 바우키스는 신앙심 깊은 노파로 남편 필레몬과 함께 가난하지만 평안한 삶을 살고 있었다.

어느 날 인간 모습을 한 제우스와 헤르메스가 찾아와 하룻밤 묵을 것을 청했다. 그 마을의 아무도 두 신에게 문을 열어주지 않았지만 노부부는 두 길손을 집으로 들여 정성껏 대접했다. 제우스는 불경한 그 마을을 모두 물에 잠기게 하지만 바우키스와 필레몬의 신실한 마음에 감복하여 그들의 집을 신전으로 만들어주었다. 바우키스는 남편과 죽을 때까지 신전에서 제우스와 헤르메스를 섬기며 살았고, 그들은 천수를 다하고 한 날 한 시에 나무로 변했다.

ㅂ

17

기본정보

구분	신화 속 인물
상징	착한 사람, 친절한 손님접대
원어 표기	그리스어: Βαυκίς
관련 상징물	떡갈나무와 보리수
관련 신화	필레몬

인물관계

바우키스와 필레몬은 가난한 노부부이다.

필레몬 ——— 바우키스

신화이야기

제우스와 헤르메스의 방문

악시온의 아들 아켈로오스는 신들을 경멸하고 신들에 경탄하는 자들을 비웃었다. 그러자 나이가 지긋하고 생각도 깊은 렐렉스가 신들의 능력이 얼마나 무한한지를 이야기한다. 오비디우스의 『변신이야기』를 보자.

프리기아의 언덕 위에 보리수와 참나무 한 그루가 서 있고 그 둘레에는 낮은 담장이 둘러쳐져 있다. 그 곳에서 멀리 않은 곳에 연못이 하나 있다. 예전에는 사람들이 살았던 터였으나 지금은 물새들과 물닭들이 서식하는 연못으로 변했다. 렐렉스는 이 땅이 어떻게 연못으로 변했는지 설명한다.

바우키스와 필레몬 집의 제우스와 헤르메스
아담 엘스하이머(Adam Elsheimer), 1608년경, 드레스덴 알테 마이스터 회화관

어느 날 제우스가 인간의 모습을 하고 헤르메스를 동반한 채 이 마을에 나타났다. 제우스와 헤르메스는 쉴 곳을 찾아 천여 채의 집을

돌아다니며 하룻밤 묵게 해달라고 청했으나 단 한 집도 문을 열어 주지 않았다. 그러던 중 짚과 갈대로 지붕을 이은 초라한 집의 문이 열리더니 두 길손을 흔쾌히 맞았다. 그 집에는 믿음이 깊은 노인 바우키스와 그녀의 남편 필레몬이 살고 있었다. 그들은 젊은 시절 결혼하여 한번도 그 오막살이집을 떠나지 않고 지금까지 사이좋게 늙어가고 있었다. 그들은 비록 행색이 초라하고 가난했으나 가난을 부끄러워하지 않았고 서로 의지하며 평온하게 살고 있었다.

바우키스와 필레몬 집의 제우스와 메르쿠리우스(헤르메스)
장 베르나르 레스투(Jean Bernard Restout), 1769년, 프랑스 투르 미술관

제우스와 헤르메스는 머리가 부딪치지 않게 고개를 숙이고 옹색한 집안으로 들어섰다. 필레몬은 의자를 내주며 편히 쉬라고 말하고 부지런한 바우키스는 의자에 방석을 깔아줬다. 이어 그녀는 불을 지핀 후에 그 위에 청동냄비를 걸고 남편이 정원에서 가져온 채소를 다듬었다. 남편은 오랫동안 아껴온 훈제 돼지등심을 두 손님에게 내놓기 위해 잘게 썬 후 끓는 물에 넣었다. 노부부는 요리를 하는 중에도 이야기를 나누며 천상의 신들을 즐겁게 했다. 이어서 두 길손은 착한 노

부부가 마련한 따뜻한 물로 피곤한 몸을 씻고 원기를 회복할 수 있었다. 바우키스와 필레몬은 신들이 편하게 쉴 수 있도록 긴 의자에 비록 낡고 초라했지만 특별한 때만 쓰는 천을 깔아주었다.

바우키스가 상을 차리기 위해 식탁을 내왔다. 식탁의 다리 하나가 짧아 흔들거리자 그녀는 다리 밑에 깨진 질그릇 조각을 괴어서 식탁을 고정시켰다. 이어 그녀는 초록빛 박하로 식탁을 닦고 저녁상을 차렸다. 올리브, 절인 가을 산딸기, 무, 치즈, 익힌 달걀 등이 식탁을 채웠다. 노부부의 식기는 토기와 목재로 모두 소박한 것이었다. 김이 모락모락 나는 국과 담근 지 얼마 되지 않은 포도주도 준비되었다. 그 외에 호두, 무화과, 사과, 포도, 벌집 등도 차려졌다. 노부부의 정성과 진실한 마음으로 소박하나마 정성어린 저녁이 마련된 것이다.

바우키스와 필레몬 집의 제우스와 메르쿠리우스(헤르메스)
제이콥 반 오스트(Jacob van Oost), 17세기경, 샌프란시스코 미술관

식사를 하는 동안 바우키스와 필레몬은 포도주가 마셔도 줄어들지 않자 두 길손에게 두려움을 느꼈다. 겁에 질린 노부부는 두 길손이 예사롭지 않은 존재임을 깨닫고 자신들이 그들을 융숭하게 대접하지 못

바우키스와 필레몬 집의 제우스와 메르쿠리우스(헤르메스)
페테르 파울 루벤스(Peter Paul Rubens), 1620~1625년경, 빈 미술사 박물관
: 바우키스가 거위를 잡으려고 하고 있다.

한 것에 대해 용서를 빌었다. 곧 그들은 거위를 잡아 신들의 저녁상에 올리려고 했다. 그러나 발빠른 거위를 나이든 노인들이 잡기에는 역부족이었다. 거위가 노부부의 손을 피해 두 신에게 도망을 치자 제우스는 노인들에게 그들의 신분을 밝히며 거위를 죽이지 말라고 했다. 이어서 신을 홀대한 이 마을 사람들은 불경의 대가를 치르겠지만 바우키스와 필레몬은 그 징벌에서 벗어나게 될 것이라고 덧붙였다. 제우스는 그들에게 지금 당장 집을 떠나 높은 산으로 올라가라고 말했다.

바우키스와 필레몬은 제우스가 시키는 대로 산비탈을 올라갔다. 산 정상이 바로 코 앞에 있을 때 그들은 뒤를 돌아보았다. 그때 그들의 눈앞에 물에 잠긴 마을이 펼쳐졌다. 모든 것은 물에 잠겼고 오로지 그들의 오막살이집만 물 위에 떠 있었다. 노부부는 그 광경에 놀라움을 금치 못했고 한편으로 마을 사람들의 운명을 슬퍼했다. 그 순간 두 노인이 살기에도 비좁았던 그들의 집이 웅장한 신전으로 변했다.

이윽고 제우스가 그들에게 소원을 말해보라고 말하자 바우키스와 필레몬이 잠시 이야기를 나눈다. 그들은 제우스와 헤르메스의 사제가 되어 죽는 날까지 이 신전을 지키고 한 날 한 시에 눈을 감고 싶다고 말한다. 노부부는 혼자 남아 먼저 간 이의 무덤을 돌보는 슬픔을 서로에게 남겨 주고 싶지 않았던 것이다.

제우스는 그들의 소원을 들어주었다. 바우키스와 필레몬은 죽을 때까지 신전을 지켰다. 그러던 어느 날 고령으로 쇠약해진 바우키스와 필레몬은 신전 계단에 서서 지난 일을 추억하며 이야기를 나누고 있었다. 그때 바우키스와 필레몬은 서로의 몸에서 나뭇잎이 돋아나는 것을 보았다. 두 사람의 머리 위에 나뭇잎이 무성해지자 그들은 마지막 작별인사를 나누었다. 바로 그 순간 작은 가지들이 그들의 입을 덮어버렸다.

렐렉스는 이 이야기를 믿을 만한 노인들한테 들었고 지금도 그 지방에 가면 화환이 걸려 있는 착한 노부부의 나무를 볼 수 있다고 덧붙였다.

바토스 Battus

요약

바토스는 헤르메스가 소떼를 훔쳐가는 것을 목격한 노인이다.

헤르메스는 노인에게 암소 한 마리를 주고 비밀을 지켜달라고 했다. 그러나 헤르메스가 다른 사람의 모습으로 변장한 후 그에게 소 두 마리를 주면서 소떼의 행방을 물었을 때 그는 비밀을 누설한다. 헤르메스는 그를 바위로 만들어버렸다.

다른 바토스는 BC. 631년 리비아에 그리스의 식민지 키레네를 설립했다.

기본정보

구분	신화 속 인물
외국어표기	그리스어: Βάττος
어원	수다쟁이

신화이야기

헤르메스의 비밀을 누설한 죄

그리스 신화에서 바토스는 헤르메스와 밀접한 연관이 있다.

제우스와 마이아 사이에서 태어난 헤르메스는 태어난 날부터 조숙하고 활동적이었다. 그는 태어난 직후 요람에서 기어나와 마케도니아의 피에리아로 간다. 가는 도중에 그는 아폴론이 목동으로 일하고 있는 곳으로 가 밤의 어둠을 틈타 '도둑의 신'답게 아폴론의 소떼를 훔쳤다.(오비디우스에 따르면 아폴론이 사랑에 빠져 소떼들에는 관심을 두지 않고 갈대 피리를 불며 마음을 달래고 있을 동안 소떼들이 필로스의 들판으로 넘어갔다고 한다) 헤르메스는 훔친 소떼를 펠레폰네소스 반도의 알페이오스 강가에 있는 필로스 동굴로 끌고 가 그중 몇 마리를 올림포스의 신들에게 제물로 바쳤다.(오비디우스에 따르면 숲 속으로 끌고 가 그곳에 감추었다고 한다)

그때 헤르메스가 도둑질하는 것을 본 사람이 있었다. 그는 부유한 넬레우스의 하인으로 바토스라는 노인이었다. 그는 골짜기와 풀밭에서 혈통이 좋은 암말들을 지키고 있었다. 헤르메스는 도둑이 제발 저린다고 아무래도 마음이 놓이지 않았다. 그는 노인을 감언이설로 매수했다.

"혹시 누가 이곳에서 가축 떼를 보았냐고 묻거든 못 보았다고 대답해 주시오. 그렇게 해준다면 내가 보답으로 훌륭한 암소 한 마리를 주겠소."

헤르메스가 그에게 암소를 주자 노인은 근처에 있는 돌을 가리키며 자신 있게 대답했다.

"안심하세요. 저 돌이 입을 여는 한이 있어도 나는 입을 꾹 다물고 있을거요."

헤르메스는 노인을 믿고 뒤돌아섰지만 마음이 찜찜했다. 그는 노인을 시험해 보기로 한다. 그는 잠시 후 다른 사람으로 모습을 바꾼 후 바토스에게 다시 돌아와서 물었다.

"노인장 여기에서 소떼가 지나가는 것을 못 보았소? 내가 도둑맞은 소떼라오. 노인장이 소떼의 행방을 알려주면 암소 한 마리에 수소 한 마리를 더 얹어 주겠소."

바토스는 보수가 두 배가 되자 헤르메스와의 약속 따위는 중요하지 않았다. 그는 '수다쟁이'라는 그의 이름답게 바로 "소떼는 저기 산기슭에 있다오."라고 일러바쳤다. 헤르메스는 웃으며 "배신자 같으니라고. 네가 나에게 나의 비밀을 털어놔?" 라고 말하며 바토스를 바위로 만들어 버렸다. 그 바위는 '배신자의 돌'이라고 불린다.

일설에 의하면 바토스는 마케도니아의 마이날로스의 산에 살고 있었다. 헤르메스가 테살리아에서 소떼를 몰고 오다 그의 집 근처를 지나게 되었다. 그는 소떼를 목격한 바토스가 걱정되어 그에게 보수를 주고 비밀을 지켜달라고 부탁했다.

헤르메스는 소떼를 동굴에 감추고 노인이 과연 그와의 약속을 잘 지키는 시험해 보기로 했다. 헤르메스는 다른 사람으로 변장하고 바토스에게 이곳을 지나가는 소떼를 본 적이 있는지 물으며, 소떼의 행방을 알려주면 옷을 주겠다고 덧붙였다. 바토스는 옷을 받고 바로 소의 소재지를 알려주었다. 헤르메스 신은 그를 바위로 만들어 버렸다.

호메로스의 『찬가』에서는 보이오티아의 온케스토스 근처의 한 노인이 배신자로 등장한다.

말더듬이 바토스

바토스(Βάττος)는 포세이돈의 아들 에우페모스의 후손 폴림네스토스와 악소스의 왕 에테아르코스의 딸 프로니메 사이에서 태어났다.

에테아르코스는 아내가 죽은 후 시기심 많은 여자와 재혼했는데, 계모는 프로니메가 행실이 나쁘다고 에테아르코스 왕에게 거짓말을 했다. 그러자 에테아르코스는 계모의 말만 믿고 딸을 바다에 수장시키려고 했다. 그는 테라 섬의 상인 테미손에게 그 일을 청하는데 테미손은 차마 그럴 수 없었다. 그렇다고 왕의 부탁을 무시할 수도 없어 그는 프로니메를 바닷물에 살짝 담갔다가 꺼냈다. 그리고 그녀를 테라의 귀족 폴림네스토스와 맺어 주었고, 그들 사이에서 바토스가 태어났다.

바토스는 BC. 631년에 테라 섬의 주민들을 이끌고 북아프리카의 리비아 해안으로 가 그리스의 식민지 키레네 도시를 세웠다.

바토스는 말을 더듬어서 바토스라고 불렸고 그의 원래 이름은 아리스토텔레스라고 한다. 파우사니아스에 따르면 바토스는 키레네를 건설한 후부터는 말을 더듬지 않았다고 한다.

키레네의 아고라에서 바토스의 무덤이 발굴되었다.

바톤 Baton

요약

  그리스 신화에 나오는 테바이 공략 7장군 중 한 명인 암피아라오스의 마부이다.
  바톤은 암피아라오스가 테바이 공략 전쟁에 패해 도망치다 제우스의 벼락으로 갈라진 땅에 삼켜질 때 그와 운명을 같이 했다.

기본정보

구분	신화 속 인물
상징	영웅의 동반자, 충성스런 조력자
외국어 표기	그리스어: Βάτων
관련 신화	1차 테바이 원정(테바이 공략 7장군)

인물관계

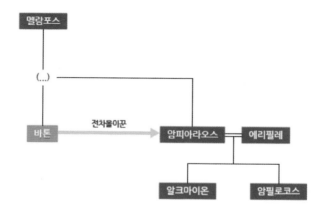

바톤은 암피아라오스와 마찬가지로 예언자 멜람포스의 후손이라고 만 알려져 있다.

신화이야기

개요

바톤은 아르고스의 용사로 테바이 공략 7장군 중 한 명인 암피아라 오스의 전차를 몰았다. 그리스의 역사가 파우사니아스에 따르면 바톤 은 암피아라오스와 마찬가지 로 예언자 멜람포스의 후손이 라고 한다.

바톤은 암피아라오스가 테 바이 원정에 나설 때 함께 갔 다가 그와 운명을 같이 했다. 예언자이기도 했던 암피아라 오스는 자신이 죽을 운명이란 걸 알고 있었기 때문에 원정 에 참가하지 않으려 했지만 아내 에리필레가 폴리네이케 스에게 매수되는 바람에 결국 원정길에 나서게 된다.

**폴리네이케스에게서
하르모니아의 목걸이를 받는 에리필레**
아티카 적색상도기, 기원전 450년, 루브르 박물관

테바이 원정

아르고스의 왕 아드라스토스는 자신의 사위가 된 오이디푸스의 아 들 폴리네이케스에게 테바이의 왕위를 되찾아주기 위해 테바이를 공 격하기로 결정하고 병사와 장수들을 소집하였다. 하지만 아르고스의 용사이자 예언자인 암피아라오스는 이 전쟁에 참가한 장군들 중 아드라스토스 한 명만 빼고 모두 죽게 되리라는 것을 내다보고는 참전을 거부하였다. 뿐만 아니라 아드라스토스와 다른 장군들도 만류하려 하였다. 그러자 폴리네이케스는 암피아라오스를 전쟁에 참여시킬 방법을 모색하던 중 알렉토르의 아들 이피스로부터 암피아라오스가 아내 에리필레의 말을 절대로 거역하지 못한다는 사실을 듣게 되었다.

폴리네이케스는 테바이에서 가져온 귀중한 하르모니아의 목걸이를 에리필레에게 선물하면서 남편을 설득해달라고 부탁하였고 결국 암피아라오스가 참전으로 돌아서면서 테바이 원정은 성사되었다.

죽음

하지만 테바이의 일곱 성문 앞에서 벌어진 전쟁은 테바이군의 승리로 끝났고 암피아라오스는 바톤이 모는 전차를 타고 이스메노스 강가로 피신하였다. 그곳에서 그가 테바이의 장수 페리클리메노스에게 따라잡히려는 순간 제우스가 벼락으로 땅을 갈라 암피아라오스와 전차

암피아라오스의 전차
베를린 페르가몬 박물관

그리고 바톤까지 모두 삼켜버리게 하였다.

그 후로 바톤은 영웅의 충성스런 동반자로 추앙받았다. 델포이 신전에 아르고스인들이 봉헌한 암피아라오스의 전차에는 바톤의 조각상이 새겨져 있었고, 올림피아의 헤라 신전에 있는 킵셀로스의 상자에는 한 손에 말고삐를 움켜쥐고 다른 손에는 창을 잡고 있는 바톤의 모습이 그려져 있었다. 또 파우사니아스에 따르면 아르고스에는 아스클레오피스의 신전 옆에 바톤을 숭배하는 신전도 있었다고 한다.

고대 그리스의 역사가 폴리비오스가 쓴 『역사』에는 바톤이 테바이 전쟁 때 죽지 않고 일리리아의 하르피아로 도망쳤다고 기록되어 있다.

발리오스 Balius

요약

그리스 신화에 등장하는 신마(神馬)이다.

괴조(怪鳥) 하르피이아이의 하나인 포다르게가 서풍의 신 제피로스와 결합하여 낳은 아들로 바람처럼 빠른 말이다. 트로이 전쟁 때 아킬레우스의 전차를 끌었다. 발리오스는 '얼룩무늬'라는 뜻이다.

기본정보

구분	신성한 동물
상징	바람처럼 빠른 말
원어 표기	그리스어: Βάλιος
어원	얼룩무늬
별칭	발리오스(Balios)
관련 신화	트로이 전쟁
가족관계	제피로스의 아들, 포다르게의 아들, 크산토스의 형제, 제우스의 아들

인물관계

하르피이아이의 하나인 포다르게와 서풍의 신 제피로스 사이에서 태어난 한 쌍의 말 중 하나로, 또 다른 말은 크산토스다. 두 말의 아버지는 제피로스가 아니라 제우스라는 이야기도 있다.

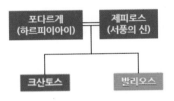

신화이야기

신마(神馬) 발리오스와 크산토스

호메로스에 따르면 발리오스와 크산토스는 하르피이아이의 하나인 질풍의 여신 포다르게가 암말로 변신하여 오케아노스 물가의 초원에서 풀을 뜯고 있을 때 서풍의 신 제피로스가 다가와 정을 통하여 낳은 자식들이라고 한다.

포세이돈은 이 두 필의 말을 아킬레우스의 부모인 펠레우스와 테티스의 결혼식 때 선물로 주었는데 펠레우스는 이들을 아들 아킬레우스에게 주었다. 아킬레우스는 트로이 전쟁 때 이 두 마리의 말에게 자신의 전차를 끌게 하였다.

돌론의 죽음

아가멤논과의 불화로 아킬레우스가 자기 막사에 틀어박힌 채 전투에 모습을 나타내지 않자 헥토르는 상금을 내걸고 그리스군 진영을 정탐하고 올 인물을 구하였다. 그러자 돌론이라는 병사가 아킬레우스의 신마 발리오스와 크산토스를 주겠다고 약속하면 자신이 그 일을 하겠다고 나섰다. 헥토르가 제우스의 이름을 걸고 약속하자 돌론은 그리스군 진영으로 잠입하였으나 마침 트로이군 진영을 염탐하러 오던 오디세우스와 디오메데스에게 붙잡혀 죽고 말았다.('돌론' 참조)

파트로클로스의 죽음

트로이의 아킬레우스 막사에서 발리오스와 크산토스를 먹이고 돌봐준 사람은 아킬레우스의 절친한 친구 파트로클로스였다. 아킬레우스는 파트로클로스가 전투에서 물러나 있던 자신을 대신하여 미르미돈 병사들을 이끌고 전투에 나서겠다고 하자 자신의 갑옷과 함께 크산토스와 발리오스가 끄는 전차도 내주었다.

아킬레우스의 말들
안톤 반 다이크(Antoon van Dyck), 1635~1645년경
런던 내셔널갤러리

파트로클로스는 아킬레우스의 전차를 타고 나가 용감히 싸웠지만 그만 헥토르의 창에 목숨을 잃고 말았다. 그러자 발리오스와 크산토스는 파트로클로스의 죽음을 슬퍼하여 눈물을 흘리며 그 자리에서 꼼짝도 하지 않았다. 이 광경을 본 제우스는 이들을 필멸의 존재인 인간에게 내주어 고통받게 한 것을 후회하였다고 한다.

크산토스의 변명

나중에 아킬레우스는 파트로클로스를 무사히 데려오지 못했다며 두 신마를 질책했다. 그러자 크산토스가 사람처럼 입을 열어 그것은 아폴론이 헥토르를 도운 탓이지 자신들의 잘못이 아니라고 변명하였다. 심지어 크산토스는 아킬레우스에게 죽음이 임박했다고 경고까지 했다. 하지만 인간의 운명을 함부로 발설하는 것은 신들의 법칙에 어긋나는 것이었으므로 복수의 여신 에리니에스는 그의 말문을 다시 막아버렸다.

아킬레우스가 죽은 뒤 크산토스와 발리오스는 포세이돈이 다시 거두어 갔다고도 하고 아킬레우스의 아들 네오프톨레모스의 전차를 끌었다고도 한다.

벨레로폰테스 Bellerophontes

요약

그리스 신화에 나오는 영웅이다.

헤라클레스 이전의 가장 위대한 용사로 손꼽힌다. 하늘을 나는 천마 페가수스를 타고 키마이라 등 많은 괴물들을 무찔렀다. 나중에 마음이 오만해져 신들과 겨루다 제우스의 분노를 사게 되어 비참한 최후를 맞았다.

기본정보

구분	영웅
상징	만용, 오만
외국어 표기	그리스어: βελλεροφῶν
어원	벨레로스를 죽인 자
별칭	히포누스(Hipponous, 말을 잘 다루는 자), 벨레로폰 (Bellerophon)
관련 동식물	말
관련 신화	페가수스 포획, 키마이라 퇴치

인물관계

헤시오도스에 따르면 벨레로폰테스는 시시포스의 아들 글라우코스와 에우리노메(혹은 에우리메데)의 아들인데 실제 아버지는 포세이돈이다. 그는 리키아의 왕 이오바테스의 딸 필로노에와 결혼하여 두 아들 히폴로코스, 이산드로스와 딸 라오다메이아를 낳았다.

라오다메이아는 나중에 제우스와 결합하여 사르페돈을 낳았다.

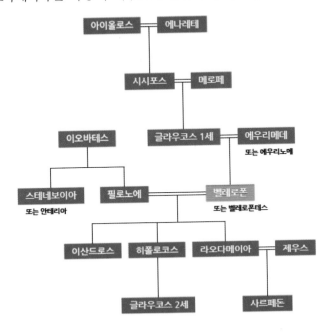

신화이야기

벨레로폰테스의 추방

벨레로폰테스의 유명한 모험은 젊은 시절 그가 고향 에피라(코린토스)에서 실수로 살인을 저지르면서 시작되었다. 벨레로폰테스가 죽인 사람은 친형제 페이렌(혹은 델리아데스, 혹은 알키메네스)이라고도 하고 코린토스의 참주 벨레로스라고도 한다.

벨레로폰테스의 원래 이름은 말을 잘 다룬다는 의미를 지닌 히포누스였는데 이때부터 '벨레로스를 죽인 자'라는 뜻의 벨레로폰테스로 불렸다. 이 일이 있고 나서 벨레로폰테스는 코린토스에서 추방되었다. 그는 티린스의 프로이토스 왕에게 가서 살인죄를 씻고 정화될 수 있었다.

프로이토스 왕에게는 아내 스테네보이아(호메로스에 따르면 안테리아)
가 있었는데 벨레로폰테스에게 반해서 그를 유혹하려 했다. 벨레로폰
테스가 이를 거절하자 화가 난 스테네보이아는 벨레로폰테스가 자신
을 겁탈하려 했다고 거짓말을 했다. 함께 식사를 나눈 손님을 죽여서
는 안 된다는 관습에 따라 프로이토스 왕은 벨레로폰테스를 직접 죽
이지 않고 대신 봉인한 편지를 한 장 주면서 그를 리키아에 있는 장
인 이오바테스에게로 보냈다.

리키아에 도착한 벨레로폰테스는 이오바테스로부터 극진한 환대를
받았다. 이오바테스는 관습에 따라 9일간 손님 벨레로폰테스를 잘 대

벨레로폰테스와 키마이라
기원전 425~420년, 아테네 국립고고학박물관
©Marsyas@Wikimedia(CC BY-SA)

접한 뒤 10일째 되는 날에 사위
의 편지를 뜯어보았다. 그 안에
는 이 편지를 가져온 자를 죽이
라는 내용이 적혀 있었다. 그가
자신의 아내이자 장인의 딸인 스
테네보이아를 욕보이려 했다는
이유였다.

이오바테스 역시 손님을 죽여
복수의 여신 에리니에스의 진노
를 사고 싶지 않았기 때문에 벨
레로폰테스에게 나라를 어지럽

히는 괴물 키마이라를 퇴치해 달라고 부탁했다. 키마이라는 머리는
사자, 몸통은 염소, 꼬리는 용의 모습을 하고 아가리에서 불을 내뿜는
무시무시한 괴물이어서 틀림없이 벨레로폰테스가 죽임을 당하리라고
생각했던 것이다. 다른 이야기에 따르면 키마이라는 한 몸에 사자와
염소와 용(혹은 뱀)의 머리가 모두 달려 있는 삼두괴수라고도 한다.

천마 페가수스의 획득

벨레로폰테스는 예언자 폴리에이도스에게 괴물 키마이라를 물리칠 방법을 물었다. 폴리에이도스는 천마 페가수스를 얻으면 과업을 성취할 수 있다고 말하고 벨레로폰테스에게 아테나 여신의 제단 아래에서 하룻밤을 보내면 방도를 알 수 있을 것이라고 했다. 벨레로폰테스가 여신의 제단 아래에서 잠들었을 때 아테나 여신이 꿈에 나타나 황금 재갈을 건네며 포세이돈에게 흰 황소 한 마리를 제물로 바치라고 말해주었다. 꿈에서 깨었을 때 그의 옆에는 황금 재갈이 놓여 있었다. 벨레로폰테스는 재갈을 챙기고 여신이 시키는대로 제물을 바쳤다. 페가수스가 코린토스에 있는 페이레네 샘에 자주 물을 마시러 온다는 폴리에이도스의 조언에 따라 벨레로폰테스는 그리로 가서 기다리다가 페가수스가 나타났을 때 재빨리 여신의 재갈을 물렸다.

벨레로폰테스와 페가수스
부조, 터키 아프로시아스 유적
©Hans Weingartz@Wikimedia(CC BY-SA)

다른 전승에 따르면 벨레로폰테스가 페가수스를 붙잡은 곳은 코린토스가 아니라 아테네였다고 하고, 아버지 포세이돈이 페가수스를 붙잡아서 벨레로폰테스에게 건네주었다고도 한다.

키마이라 퇴치

벨레로폰테스는 천마 페가수스를 타고 단숨에 키마이라가 있는 곳까지 날아갔다. 키마이라를 발견한 벨레로폰테스가 주위를 돌며 무수히 화살을 날렸지만 괴물은 끄떡도 않고 연신 불을 내뿜었다. 뜨거운 불길을 피해 날아다니던 벨레로폰테스는 한 가지 묘책을 떠올렸다. 그러고는 납덩이를 화살에 달아 키마이라의 입 속으로 쏘아 넣었다. 공격을 받은 키마이라가 다시 불을 내뿜자 입안에 들어간 납이 녹으면서 기도로 흘러들었고 괴물은 속이 타서 죽고 말았다.

또 다른 과업

벨레로폰테스가 키마이라를 죽이고 돌아오자 이오바테스는 크게 놀라며 또 다른 일을 시켰다. 이번에는 이웃나라 솔리모이인들을 물리치라는 것이었다. 벨레로폰테스는 페가수스의 도움으로 두 번째 과업도 해결했고 이오바테스가 그 다음으로 맡긴 아마조네스 정벌도 성공적으로 끝냈다. 그러자 이오바테스 왕은 벨레로폰테스가 돌아오는 길목에 군사들을 매복시켜 공격하게 했다. 하지만 벨레로폰테스는 이들도 모두 죽였다.

모든 노력이 수포로 돌아가자 이오바테스는 마침내 벨레로폰테스가 신들의 사랑을 받는 영웅임을 인정하고 더 이상 그의 목숨을 빼앗으려 하지 않았다. 그는 벨레로폰테스에게 사위의 편지를 보여주며 그간의 일들에 대해 용서를 구하고 신뢰의 표시로 자신의 딸 필로노에와 나라의 절반을 내주었으며 그와 동맹을 맺었다.

벨레로폰테스와 필로노에 사이에서는 히폴로코스, 이산드로스, 라오다메이아 등이 태어났다.

벨레로폰테스의 최후

시간이 지나자 벨레로폰테스는 오만에 빠져 페가수스를 타고 신들이 사는 올림포스까지 올라가려고 했다. 벨레로폰테스의 방자한 짓에 노한 제우스는 등에를 한 마리 보내 페가수스의 등을 쏘게 하였다. 이에 페가수스가 깜짝 놀라며 몸부림치는 바람에 벨레로폰테스는 낙마하여 지상으로 추락하고 말았다. 덤불 위로 떨어진 벨레로폰테스는

벨레로폰테스
모자이크, 2세기, 터키 안타키아 고고학박물관
©Dosseman@Wikimedia(CC BY-SA-4.0)

겨우 목숨은 건졌지만 절름발이에 장님이 되고 말았다. 그 뒤로 벨레로폰테스는 사람들을 피해 방랑하면서 남은 생을 보냈다고 한다.

글라우코스와 디오메데스

호메로스의 『일리아스』에는 히폴로코스의 아들 글라우코스가 트로이 전쟁에서 적장 디오메데스와 갑옷을 교환하는 에피소드가 나온다. 두 영웅의 인연은 조부인 벨레로폰테스와 오이네우스의 친분에 기인한다. 히폴로코스의 아버지이자 글라우코스의 조부인 벨레로폰테스는 디오메데스의 조부 오이네우스의 집에서 20일 동안 손님으로 머물며 극진한 대접을 받은 뒤 서로 선물을 교환하고 헤어진 일이 있었는데, 비록 적으로 만났지만 선조의 친분을 기념하여 이같은 행동을 했던 것이다.

신화해설

　벨레로폰테스는 헤라클레스 이전에 그리스 신화에 등장하는 가장 위대한 영웅으로 카드모스, 페르세우스 등과 어깨를 나란히 하는 인물이다. 벨레로폰테스는 날개 달린 천마 페가수스를 타고 인간을 괴롭히는 온갖 괴물들을 무찔러 세상을 평온케 하였다. 하지만 벨레로폰테스는 시간이 지나면서 오만에 빠져 결국 몰락하고 만다.

　오만은 고대인들이 가장 경계했던 덕목 중 하나다. 고대 그리스의 비극은 대체로 위대한 인물이 과오를 저질러 파멸하는 스토리로 전개되는데 이때 이들의 과오는 주로 오만에서 비롯되고 있다.

　이 신화는 인간에게 주어진 경계를 무시하고 신들의 영역인 천상에까지 감히 날아오르고자 한 영웅 벨레로폰테스를 제우스로 하여금 한낱 등에 한 마리로 간단히 응징해 버리게 함으로써 인간 존재의 나약함과 덧없음을 상징적으로 보여주고 있다.

ㅂ

벨로스 Belus

요약

포세이돈과 님페 리비에 사이에서 태어난 아들이다.

그는 나일 강을 다스리는 신의 딸 안키노에와 결혼하여 아이깁토스
와 다나오스를 낳았다. 벨로스의 후손들은 그리스뿐만 아니라 페르시
아, 아프리카에서 많은 왕조의 시조가 되었고 헤라클레스와 같은 불
세출의 뛰어난 영웅들도 배출했다.

기본 정보

구분	왕
상징	여러 왕가의 시조
외국어 표기	셈어: bēlu
어원	주인, 제왕을 의미하는 셈어에서 유래
로마 신화	벨루스
관련 신화	헤라클레스, 페르세우스
가족관계	포세이돈의 아들, 리비에의 아들, 아이깁토스의 아버지, 다나오스의 아버지

인물관계

포세이돈과 님페 리비에 사이에서 태어난 아들이다. 아게노르와 쌍
둥이 형제로 나일 강을 다스리는 신의 딸 안키노에와 결혼하여 다나
오스와 아이깁토스를 낳았다.

```
                    가이아 ═══ 우라노스
                          │
        ┌─────────────┬───────────┬──────────────┐
     크로노스 ═══ 레아      오케아노스 ═══ 테티스
                                      │
                          ┌───────────┴──────┐
                       이나코스 ═══ 멜리아
                                  │
              제우스 ══════════════════ 이오
                          │
                    에파포스 ═══ 멤피스
                          │
                     리비에 ═══ 포세이돈
                          │
              ┌───────────┴──────────────────┐
        안키노에 ═══ 벨로스                  아게노르
                │
        ┌───────┴───────────────────────────┐
     아이깁토스                          다나오스
        │                                    │
   ┌────┴────────────┬────────┐      ┌───────┴───────┐
49명의 아들들  린케우스 ═══ 히페름네스트라  48명의 딸들  아미모네 ═══ 포세이돈
                     │                                      │
              아바스 ═══ 아글라이아                     나우플리우스
                     │
        ┌────────────┴──────────────┐
     아크리시오스              프로이토스 ═══ 스테네보이아
        │                                    │
   ┌────┴────┐                  ┌─────────┬──────┬──────────┐
제우스 ═══ 다나에         메가펜테스  리시페  이피노에  아피아나사
        │                        │
  페르세우스 ═══ 안드로메데   아낙사고라스
        │
  ┌─────┬────────┬────────┬────────┐
페르세스  알카이오스  스테넬로스  메스트로  고르고포네
```

B

43

신화이야기

벨로스의 조상과 후손들

대양의 신 오케아노스의 아들인 강의 신 이나코스와 오케아노스의 딸 멜리아, 이 두 남매가 결혼하여 낳은 자식들 중의 하나가 이오인데 벨로스의 가문은 '신들과 인간들의 왕' 제우스와 오케아노스의 손녀 이오의 사랑에서 시작된다.

이오는 제우스의 사랑을 받아 헤라에게 박해를 받았다. 그녀는 암소로 변하는 등 온갖 고난 끝에 이집트로 도망가 제우스의 아들 에파포스를 낳았다. 에파포스는 나일 강의 신 네일로스의 딸 멤피스와 결혼하여 리비에를 낳고, 리비에는 포세이돈과의 사이에서 벨로스와 아게노르를 낳았다. 아게노르는 리비아 땅으로 갔고 벨로스는 이집트에서 왕위를 이어받아 아프리카와 아라비아를 다스렸다.

이렇게 이어온 벨로스 가문은 후에 여러 왕조의 시조를 배출하는 명문가가 된다. 벨로스는 안키노에와 결혼하여 쌍둥이 아들 다나오스와 아이깁토스를 낳았다. 벨로스는 다나오스에게는 리비아를 아이깁토스에게는 아라비아를 물려주었다. 다나오스는 50명의 딸을 낳고 아이깁토스는 50명의 아들을 낳았다. 아이깁토스는 50쌍의 사촌들을 결혼시키자고 제안하지만 다나오스는 아이깁토스와 그의 아들들에게 두려움을 느끼고 아르고스로 도망가 아르고스의 왕이 된다. 그러나 아이깁토스가 낳은 50명의 아들들은 결혼을 하기 위해 다나오스의 뒤를 따라 아르고스로 온다. 결국 결혼식을 치를 수밖에 없는 상황에서 다나오스는 딸들에게 단검을 주면서 첫날밤 각자 신랑을 죽이라는 명령을 내렸다.

이에 맏딸 히페름네스트라를 제외한 49명의 딸들은 신혼 첫날밤에 아버지의 명령대로 신랑들을 살해한다. 히페름네스트라가 아버지의 명령을 어긴 이유는 자신의 처녀성을 지켜준 린케우스를 사랑하게 되었기 때문이고, 그가 탈출하는 것을 도와주게 된다. 다나오스는 결국 린케우스를 사위로 인정하지만 다나오스에게 형제를 모두 잃어버린 린케우스는 복수의 일념으로 다나오스를 죽이고 아르고스의 왕이 되었다. 그리고 아내인 히페름네스트라를 제외한 다나오스의 나머지 딸들을 모두 죽인다. 이러한 끔찍한 상황 속에서도 벨로스의 손자와 손녀인 린케우스와 히페름네스트라 사이에는 사랑의 결실인 아바스가 태어났다.

후대로 내려가면서 이 가문에 아름다운 다나에가 태어났다. 황금비로 변신한 제우스의 사랑을 받은 다나에가 바로 아바스의 손녀이고, 메두사의 목을 벤 영웅 페르세우스가 다나에의 아들이자 아바스의 증손자였다. 그리고 그 유명한 영웅 헤라클레스가 페르세우스의 증손자였다.

벨로스는 '주인'을 의미하는 셈어가 그리스어로 변한 것이다. 그의 이름이 시사하듯이 제우스와 이오의 사랑에서 비롯된 벨로스 가문은 그리스뿐만 아니라 페르시아, 아프리카에 있는 많은 왕가의 시조들을 낳았고 불세출의 뛰어난 영웅들도 배출했다. 이렇게 해서 벨로스 가문은 그리스뿐 아니라 그밖에 여러 지역을 아우르는 명문가가 되었다.

일설에 의하면 에티오피아의 왕이 된 케페우스와 그의 동생 피네우스도 벨로스의 자식이라고 한다.

한편 카르타고의 여왕 디도의 아버지도 이름이 벨로스이다.

보레아스 Boreas

요약

그리스 신화에 등장하는 북풍의 신이다.
티탄 신족 아스트라이오스와 새벽의 여신 에오스 사이에서 태어난 아들이다. 오레이티이아와의 사이에서 쌍둥이 형제 칼라이스와 제테스, 키오네와 클레오파트라를 낳았다.

기본정보

구분	북풍의 신, 개념이 의인화된 신
상징	거친 폭력
외국어 표기	그리스어: Βορέας
어원	북풍
로마 신화	아퀼로(Aquilo)
관련 신화	칼라이스와 제테스, 오레이티이아
가족관계	아스트라이오스의 아들, 에오스의 아들, 클레오파트라의 아버지

인물관계

바람의 신들인 아네모이 중 한 명으로 북풍의 신이다. 티탄 신족의 일원인 아스트라이오스와 새벽의 여신 에오스 사이에서 태어났다. 형제로는 서풍 제피로스, 남풍 노토스 그리고 동풍 에우로스가 있다.
아테네의 왕 에렉테우스의 딸 오레이티이아에게 반해 그녀를 납치하여 쌍둥이 형제 칼라이스와 제테스 그리고 두 명의 딸 키오네와 클레오파트라 등 2남2녀를 낳았다.

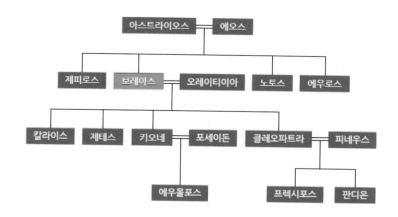

신화이야기

개요

그리스 신화에서 나오는 아네모이(Anemoi, 바람의 신들) 중 한 명으로 '북풍'의 의인화된 남신이다. 그는 티탄 신족에 속하는 아스트라이오스와 새벽의 여신 에오스 사이에서 태어났다.

보레아스와 오레이티이아
적화식 아테네 암포라, 기원전 5세기경, 보스턴 순수미술박물관
: 날개 달린 북풍의 신 보레아스(왼쪽)가 아테네 공주 오레이티이아(오른쪽)를 쫓고 있다.

트라키아 지방 출신인 보레아스는 아테네의 왕 에렉테우스의 딸 오레이티이아에게 구애를 하나 거절당한다. 그러자 그는 그녀를 납치하고 폭력을 사용하여 자신의 아내로 삼고 자식들을 낳았다.

이들 사이에서는 2남2녀가 태어났는데, 그들은 쌍둥이 형제 칼라이스와 제테스 그리고 두 명의 딸 키오네와 클레오파트라이다.

그리스 신화의 보레아스는 일반적으로 로마 신화에 등장하는 바람의 신 아퀼로와 동일시된다.

바람의 탑
대리석 팔각형 건축물(높이 13m, 직경 8m), 1세기 중엽, 아테네, 그리스
: 탑의 8면이 정확하게 동쪽, 서쪽, 남쪽, 북쪽, 북동쪽, 북서쪽, 남동쪽, 남서쪽을 가리킨다. 각 방위면의 위쪽에 그에 해당하는 바람의 신들이 부조로 새겨져 있다. 사진의 왼쪽에는 북풍의 신 보레아스가, 사진의 오른쪽에는 북서풍의 신 스키론이 새겨져 있다.

보레아스의 탄생

『신들의 계보』와 『이야기』의 서문에 의하면 보레아스는 아스트라이오스와 에오스 사이에서 태어났다.

보레아스의 아버지는 티탄 신족의 일원인 크리오스와 폰토스의 딸 에우리비아 사이에서 태어난 아스트라이오스이다. 보레아스의 어머니는 빛의 신이자 태양의 신인 히페리온이 남매지간인 빛의 여신 테이아에게 끈질긴 구애 끝에 낳은 새벽의 여신 에오스이다.

북풍의 신 보레아스의 형제는 서풍의 신 제피로스, 남풍의 신 노토스, 동풍의 신 에우로스로 알려져 있다.

오레이티이아의 납치

북풍의 신 보레아스는 아테네의 왕 에렉테우스의 딸 오레이티이아에게 마음을 빼앗겨 처음에는 달콤한 말로 사랑을 구했다. 그러나 그녀가 그의 구애를 받아들이지 않자 그는 야만성과 폭력성을 드러내며 공주를 강제로 취하려고 했다. 이 장면은 오비디우스 『변신이야기』에 잘 묘사되어 있다.

보레아스는 힘이 아니라 말로 구애를 구하는 쪽을 선택했다. 그러나 그의 사랑의 바람은 오랫동안 아무런 성과를 거두지 못했다. 그는 좋은 말로 오레이티이아를 구슬리지만 허사로 끝났다. 그러자 그는 분노를 더 이상 참지 못하고 포악하고 분노에 찬 자신의 원래 모습으로 돌아갔다. 그는 노여움에 몸을 떨며 말한다.

"맞아, 내가 사랑을 얻는 일에 실패한 것은 너무도 당연해! 왜 그랬을까? 도대체 왜 내가 완력과 폭력, 분노, 거센 위협, 야만성을 버리고 내게 전혀 어울리지도 않는 간청과 호소에 기대를 걸었는가? 그래, 내게는 폭력이 어울려 폭력! […] 이런 수단을 사용해서 내가 아내를 얻었어야 했어. 폭력을 사용하여 오레이티이아 공주를 얻었어야 했어. 구애는 쓸모없는 짓이었어!"

보레아스와 오레이티이아
동판화, 하인리히 로소브(Heinrich Lossow)
1880년
:북풍의 신 보레아스가 아테네의 공주 오레이티이아를 검은 구름으로 감싸서 납치한다

거친 폭력을 상징하는 북풍의 신 보레아스는 일리소스 강가

에서 춤을 추며 놀고 있는 미모의 아테네 공주 오레이티이아를 검은 구름으로 감싸 납치한다. 그는 그녀를 자신의 고향 트라키아 지방으로 데려와 힘으로 범하고 자식들을 낳았다. 이와 관련된 이야기가 『아르고나우티카』에 전해진다.

> "칼라이스와 제테스는 에렉테우스의 딸 오레이티이아가 바람이 세차게 부는 트라키아 지방에서 보레아스에게 낳아준 아들들이다. 보레아스는 오레이티이아를 아티카 지방에서 트라키아 지방으로 데려온다. 그가 그녀를 낚아챈 때는 그녀가 일리소스 강가에서 빙빙 돌며 춤을 출 때이다. 그는 그녀를 에르기노스 강 근처에 위치한 '사라페돈의 바위'라고 불리는 장소로 데려온다. 그곳에서 그는 그녀를 검은 구름으로 감싼다. 그러고 나서 그는 그녀를 범한다."

날개 달린 북풍의 신 보레아스는 납치해온 아테네 공주 오레이티이아에게서 2남2녀, 키오네와 클레오파트라 그리고 쌍둥이 남자 형제 칼라이스와 제테스를 낳았다.

보레아스의 외모

차가운 추위와 거센 바람을 몰고 오는 북풍의 신 보레아스의 외모에서 가장 큰 특징은 어깨에 솟아나 있는 날개이다. 보레아스의 종아리 부분에 나 있는 날개는 전승 예술 작품들에 따라 차이가 있다. 어떤 작품은 발의 날개를 묘사하고 어떤 작품은 발의 날개를 묘사하지 않았다.

로마 신화의 아퀼로

일반적으로 그리스 신화의 보레아스는 로마 신화의 아퀼로와 동일시된다. 그러나 고대 로마인들이 북동풍을 아퀼로로 북풍을 셉텐트리

보레아스와 오레이티이아
적화식 아테네 암포라, 기원전 5세기경, 뷔르츠부르크 대학교 마르틴 폰 바그너 박물관
: 날개 달린 북풍의 신 보레아스(왼쪽)가 아테네 여신(오른쪽)이 보는 앞에서 아테네의 공주 오레이티이아(가운데)를 쫓아와 붙잡는다. 보레아스는 어깨와 종아리에 날개를 지니고 있다.

오라고 부른 사실에 근거하여 보면 보레아스와 아퀼로의 동일시가 과연 올바른지 의문이 남는다.

보이오토스 Boetus

요약

그리스 신화에 나오는 포세이돈의 아들이다.
어머니 멜라니페(혹은 아르네)가 처녀의 몸으로 포세이돈과 정을 통하여 낳은 아들로, 분노한 외조부에 의해 태어나자마자 산에 버려졌으나 암소의 젖을 먹으며 살아남아 나중에 보이오티아인의 시조가 되었다.

기본정보

구분	시조
외국어 표기	그리스어: Βοιωτός
관련 지명	키타이론 산, 보이오티아
관련 신화	아이올로스와 보이오토스, 멜라니페, 아르네

인물관계

보이오토스는 헬렌의 아들 아이올로스(I)의 딸 멜라니페(혹은 아르네)가 포세이돈과 사이에서 낳은 아들로 아이올로스(II)와 형제이다.
보이오토스는 에우리테미스테라는 이름의 처녀와 결혼하였다고 한다.

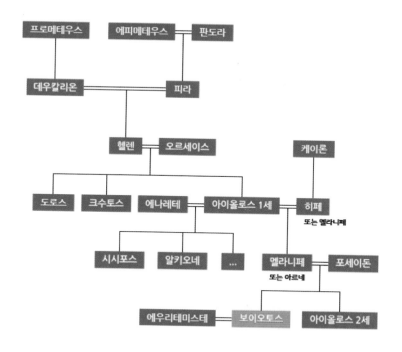

포세이돈의 아들 보이오토스

  그리스인의 시조 헬렌의 아들 아이올로스가 켄타우로스 케이론의
딸 히페(혹은 멜라니페)와 사이에서 낳은 딸인 멜라니페(혹은 아르네)는
처녀의 몸으로 해신 포세이돈과 정을 통하여 쌍둥이 아들 보이오토
스와 아이올로스를 낳았다. 그러자 멜라니페의 아버지 아이올로스(I)
가 딸을 장님으로 만들어 지하 감옥에 가두고 쌍둥이 아들은 산 속
에 내다 버렸다. 하지만 아이들은 암소의 보살핌을 받으며 살아남았고
나중에 목동들에게 발견되어 이카리아 왕 메타폰토스의 궁으로 들어
가게 되었다. 그 무렵 아이를 낳지 못해 소박맞을 처지에 몰려있던 메
타폰토스의 아내 테아노가 몰래 어린아이를 수소문하던 중 이들의
소식을 듣고 궁으로 데려갔던 것이다.

테아노는 남편 메타폰토스에게 보이오토스와 아이올로스를 자신이 낳은 아기라고 속이고 키웠다. 그런데 얼마 뒤 테아노가 임신을 하여 두 아들을 낳았다. 자기 아이들이 태어나자 테아노는 목동들이 데려온 보이오토스와 아이올로스가 이제 그만 이 세상에서 없어지기를 바랐다. 게다가 메타폰토스 왕은 잘생기고 총명한 보이오토스와 아이올로스를 테아노가 낳은 아들들보다 더 총애하였다.

네 아이가 모두 건강한 청년으로 자랐을 때 테아노는 자신이 낳은 아들들에게 두 형의 출생 비밀을 털어놓으며 함께 사냥을 가서 죽여버리라고 했다. 하지만 보이오토스와 아이올로스는 포세이돈의 도움으로 목숨을 구하고 오히려 테아노의 두 아들을 죽였다. 두 아들의 죽음을 전해들은 테아노는 스스로 목숨을 끊었고 보이오토스와 아이올로스는 자신들을 발견한 목동의 집으로 피신하였다. 그곳에서 포세이돈은 자식들에게 자신의 정체를 밝히고 아직도 지하 감옥에 갇혀 있는 어머니 멜라니페를 구하라고 했다. 두 형제는 외할아버지 아이올로스(I)를 죽이고 어머니를 구해냈고 포세이돈은 멜라니페가 다시 눈을 뜰 수 있게 해주었다.

보이오토스와 아이올로스는 어머니 멜라니페와 함께 메타폰토스 왕에게로 가서 테아노의 죄상을 폭로했고 왕은 그들의 어머니 멜라니페와 결혼하였다.

또 다른 전승에 따르면 헬렌의 아들 아이올로스(I)가 포세이돈의 아이를 임신한 딸 멜라니페를 메타폰티온에서 온 어느 남자에게 넘겼다고 한다. 그 남자는 신탁의 충고에 따라 메타폰티온의 자기 집으로 돌아가서 멜라니페가 낳은 두 아이를 양자로 삼았다. 성년이 된 멜라니페의 두 아들 보이오토스와 아이올로스는 메타폰티온에 내전이 벌어지자 참전하여 전쟁을 승리로 이끌고 메타폰티온의 왕권을 차지하였다. 그런 다음 그 동안 어머니를 괴롭혀왔던 양부의 아내 아우톨리테를 죽여 원수를 갚았다.

그 후 보이오토스는 태살리아 남쪽으로 가서 보이오티아인의 조상이 되었고 아이올로스는 시칠리아 섬 북쪽의 티레니아 해로 가서 아이올리아 군도를 다스렸다고 한다.

이토노스의 아들 보이오토스

또 다른 전승에 따르면 보이오티아인의 시조인 보이오토스는 암픽티온의 아들 이토노스와 님페 멜라니페 사이에서 태어난 아들이다. 암픽티온은 대홍수에서 살아남은 최초의 인간 데우칼리온과 피라의 아들 혹은 손자로 알려져 있다.

아스테리온 산과 키타이론 산

후대의 전승에 따르면 보이오토스는 에우리테미스테라는 이름의 처녀와 결혼하였다. 보이오토스는 결혼할 때 두 명의 나무랄 데 없는 처녀 중 누구를 선택할지를 놓고 고민했다고 한다. 그가 신들의 뜻을 묻

키타이론의 플라타이아 평원
윌리엄 밀러(William Miller), 1829년

기 위해 한밤중에 두 처녀와 함께 산꼭대기에 올라갔는데 갑자기 하늘에서 별 하나가 그 중 한 처녀의 어깨 위로 떨어지더니 순식간에 사라져 버렸다. 그 처녀가 바로 에우리테미스테였다. 보이오토스는 별이 떨어진 그 산에 '아스테리온(별의 산)'이라는 이름을 붙여주었다.

하지만 아스테리온 산은 나중에 키타이론 산으로 이름이 바뀐다. 키타이론은 원래 이 산에 살던 아름다운 청년이었다. 그는 복수의 여신 에리니에스 중 하나인 티시포네의 열렬한 사랑을 받았지만 계속해서 그녀의 구애를 거절하다가 결국 티시포네의 손에 죽임을 당했다. 그때부터 그 산에는 키타이론이라는 이름이 붙여졌다.

브론테스 Brontes

요약

그리스 신화에 나오는 외눈박이 거인족 키클로페스 중 한 명이다.

이들은 뛰어난 대장장이로 제우스와 포세이돈 등에게 벼락과 삼지창을 만들어주어 이들이 티탄족과의 전쟁(티타노마키아)에서 승리하도록 도왔다. 브론테스와 키클로페스 형제는 나중에 제우스의 벼락에 아들을 잃은 아폴론에 의해 죽임을 당했다.

기본정보

구분	거인
상징	거인, 괴물, 막강한 힘
외국어 표기	그리스어: Βροντής
관련 신화	티타노마키아
가족관계	우라노스의 아들, 가이아의 아들, 티탄 12신의 형제

인물관계

브론테스는 우라노스와 가이아 사이에서 태어난 외눈박이 거인족 키클로페스 삼형제 중 하나이며, 나머지 두 형제는 스테로페스와 아르게스이다. 우라노스와 가이아 사이에서는 그밖에도 크로노스를 비롯한 티탄 12신과 100개의 팔과 50개의 머리가 달린 거인족 헤카톤케이레스 삼형제도 태어났다.

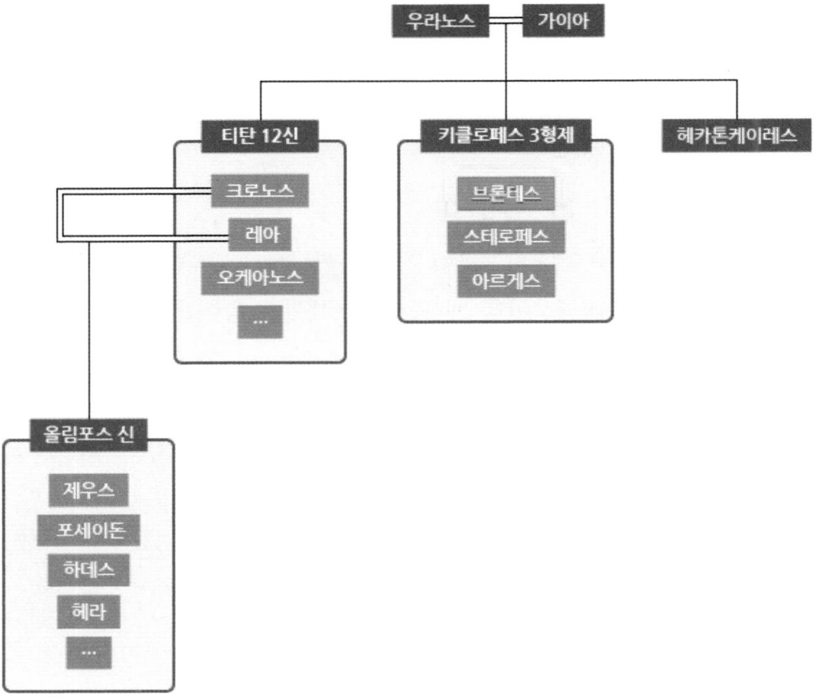

우라노스 — 가이아

티탄 12신
크로노스
레아
오케아노스
...

키클로페스 3형제
브론테스
스테로페스
아르게스

헤카톤케이레스

올림포스 신
제우스
포세이돈
하데스
헤라
...

신화이야기

개요

키클로페스(단수형 키클롭스: 둥근 눈)는 이마에 눈이 하나만 달린 거인족을 뜻하는데 고대의 신화학자들은 이들을 세 유형으로 분류하였다. 우라노스와 가이아의 자식으로 알려진 키클로페스, 호메로스의 『오디세이아』에 등장하는 폴리페모스와 그 동료들인 시칠리아의 키클로페스, 그리고 티린스의 왕 프로이토스를 위해 성벽을 지었던 건축의 장인 키클로페스가 그들이다.

브론테스는 그 중 첫 번째 유형의 키클로페스인데 이들은 그리스 신화의 첫 세대 신들인 거인족에 속한다. 『신들의 계보』에 따르면 우라노스와 가이아는 브론테스, 스테로페스, 아르게스 등 세 명의 키클로 페스를 아들로 두었는데 이들의 이름은 각각 천둥, 번개, 벼락을 뜻하였다.

타르타로스에 갇힌 키클로페스

우라노스는 이들이 태어나자 흉측한 괴물이라고 여겨 가이아와 사이에서 낳은 거인족 삼형제 헤카톤케이레스와 함께 지하세계의 가장 깊숙한 곳인 타르타로스에 가두어 버렸다.(혹은 이들을 낳은 가이아의 자궁 속으로 다시 밀어 넣었다고도 한다) 이 일로 커다란 고통을 받은 가이아는 또 다른 자식들인 티탄 신족의 막내아들 크로노스를 시켜 아버지 우라노스의 성기를 잘라버리게 함으로써 남편의 부당한 처사에 대해 복수하였다.

키클로페스
오딜롱 르동(Odilon Redon), 1898년
네덜란드 크룈러 뮐러 미술관

그 후 우라노스에 이어 신들의 왕좌에 오른 크로노스는 일시적으로 키클로페스 형제들을 해방시켰다가 다시 타르타로스에 가두었다. 이에 화가 난 가이아는 크로노스에게 그역시 자기 자식의 손에 권좌를 빼앗기게 될 거라는 저주를 퍼부었다.

키클로페스가 타르타로스에서 완전히 해방된 것은 제우스에 의해서였다.

티타노마키아

크로노스는 남매지간인 레아와 결혼하여 그녀와 함께 시간과 세대의 영원한 흐름을 관장하는 주신이 되었지만 언젠가 자신이 낳은 자식에 의해 권좌에서 쫓겨날 운명이라는 어머니 가이아의 예언을 두려워하였다. 그래서 크로노스는 아내 레아가 임신하면 잘 주시하고 있다가 자식을 낳는대로 곧바로 집어삼켰다. 그렇게 그는 레아가 낳은 모든 자식들을 잡아먹었다.

연이어 자식을 잃은 레아는 커다란 슬픔에 잠겼다. 또 다시 아이를 낳게 되었을 때 그녀는 가이아에게 도움을 청했고 가이아는 크레타의 릭토스에 아이를 감춰주었다. 가이아의 도움으로 재빨리 아이를 빼돌린 레아는 대신 돌덩이를 강보에 싸서 크로노스에게 건네주었고 크로노스는 만족스럽게 그것을 자기 뱃 속으로 집어넣었다. 이렇게 해서 무사히 태어난 막내아들 제우스는 아버지 크로노스가 삼킨 형제들을 모두 되살려낸 다음 그들과 힘을 합쳐 크로노스와 티탄 신족을 공격했다. 제우스가 이끄는 올림포스 신족과 크로노스가 이끄는 티탄 신족 사이의 전쟁(티타노마키아)은 10년 동안 계속되었다. 아직 아들 크로노스에게 화가 나 있던 가이아는 손자 제우스에게 타르타로스에 갇혀 있는 거인족 헤카톤케이레스와 키클로페스의 힘을 이용하면 티탄 신족을 물리칠 수 있을 거라고 말해주었다.

제우스는 가이아의 조언대로 헤카톤케이레스와 키클로페스 형제들을 타르타로스에서 해방시켜 주었고 이에 대한 보답으로 키클로페스는 제우스에게 천둥과 벼락을, 포세이돈에게는 삼지창을, 하데스에게는 머리에 쓰면 보이지 않게 되는 투구를 만들어 주었다. 이렇게 무장한 올림포스의 신들은 티탄족을 무찔러 타르타로스에 유폐시켰다.

아폴론과 키클로페스

하지만 제우스에게 벼락을 만들어준 것 때문에 나중에 브론테스를 비롯한 키클로페스 삼형제는 아폴론에게 죽임을 당하게 된다.

아폴론에게는 인간 여인과 관계하여 낳은 아스클레피오스라는 아들이 있었는데 아폴론은 그를 켄타우로스족의 현자 케이론에게 맡겨 세상에 둘도 없는 명의로 교육시켰다. 아스클레피오스는 심지어 죽은 사람을 살리는 의술까지도 터득하였다.

하지만 죽은 자를 되살리는 의술은 세상의 질서를 허무는 위험한 짓이었다. 저승을 다스리는 하데스는 아스클레피오스의 의술 때문에 이제 곧 아무도 죽지 않게 될 거라고 제우스에게 불만을 터뜨렸고 제우스는 세상의 질서를 어지럽히는 아스클레피오스를 벼락으로 내리쳐 죽였다. 그러자 아들을 잃고 화가 난 아폴론이 제우스는 어쩌지 못하고 그 대신 그에게 벼락을 만들어준 브론테스와 키클로페스 형제를 모두 죽여버렸던 것이다. 이 행동으로 아폴론은 제우스로부터 1년 동안 아드메토스 왕의 노예가 되어 그의 소를 돌봐야 하는 벌을 받았다.

브리세이스 Briseis

요약

　그리스 신화에서 영웅 아킬레우스의 사랑을 받는 여인으로 등장하여 트로이 전쟁의 전개에 중요한 역할을 하였다. 총사령관 아가멤논에게 브리세이스를 빼앗긴 아킬레우스는 분노하여 전투에서 손을 뗐고 그러자 전세는 급격히 트로이군 쪽으로 기울었다.

기본정보

구분	신화 속 인물
상징	미녀
외국어 표기	그리스어: Βρισηΐς
별칭	히포다메이아
관련 신화	트로이 전쟁
별자리	소행성: (655) 브리세이스

인물관계

　브리세이스의 아버지 브리세스는 아폴론의 사제 크리세스와 형제지간이므로 브리세이스는 크리세스의 딸 크리세이스와 사촌자매 사이다. 브리세이스와 크리세이스는 트로이 전쟁 때 아킬레우스와 아가멤논이 갈등을 빚는 원인이 되는 여인들이다.

　그녀의 실제 이름은 히포다메이아이고 브리세이스라는 이름은 브리세스의 딸이라는 뜻이다.

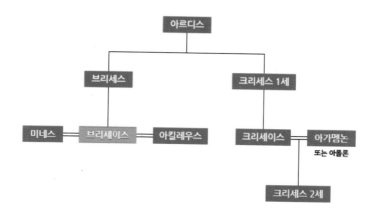

신화이야기

미네스 왕의 아내 브리세이스

브리세이스는 원래 미네스 왕
의 아내였는데 아킬레우스가 트
로이로 가던 중 미네스 왕의 도
시 리르네소스를 약탈했을 때
전리품으로 데려와 자기 첩으로
삼았다. 이때 아킬레우스는 그녀
의 가족과 남편을 모두 죽였다.

아가멤논과의 불화

트로이 전쟁이 시작되고 그리
스군 진영에 역병이 돌자 신탁은
아가멤논이 전리품으로 빼앗아
온 크리세이스를 다시 그녀의

브리세이스
폴 맨쉽(Paul Manship), 1916년
워싱턴 국립 미술관

아버지이자 아폴론의 사제인 크리세스에게 돌려주라고 말한다. 이에
아킬레우스를 비롯한 그리스군의 지도자들이 아가멤논에게 신탁을

따르도록 요구하자, 아가멤논은 화가 나서 아킬레우스에게 그 대신 브리세이스를 내놓는 조건으로 요구에 응하겠다고 했다. 사랑하는 브리세이스를 아가멤논에게 내줄 수밖에 없었던 아킬레우스는 전투에서 손을 떼고 자기 진영에 틀어박힌 채 모습을 드러내지 않았다.

그리스군 최고의 영웅 아킬레우스가 싸움터에 나타나지 않자 전세는 급격히 트로이군 쪽으로 기울었다. 다급해진 아가멤논은 브리세이스와 단 한 번도 잠자리를 갖지 않았다는 맹세와 함께 다시 돌려주겠다며 아킬레우스에게 화해를 청한다. 아킬레우스는 화해의 사절단으로 찾아온 오디세우스, 디오메데스, 포이닉스 등에게 브리세이스를 자신의 아내로서 표현하며 진심으로 사랑했다고 말한다.

브리세이스를 내주는 아킬레우스
미상, 서기 1세기경의 프레스코화
나폴리 국립고고학박물관

파트로클로스의 죽음

그 무렵 아킬레우스의 절친한 친구이자 친척인 파트로클로스가 불리한 전세를 돌려보고자 아킬레우스의 갑옷을 입고 출전했다가 트로이군의 용장 헥토르에게 죽임을 당하는 사건이 발생하고, 다정한 친구의 죽음에 분노한 아킬레우스는 결국 자신을 죽음으로 이끌 것이라 예언된 전쟁에 다시 참가하게 된다.

아킬레우스의 진지로 돌아온 브리세이스는 시체가 되어 누워 있는 파트로클로스를 보고 생전에 자신에게 잘 대해주었던 일을 생각하며 몹시 슬퍼했다고 한다. 파트로클로스는 전리품이 되어 아킬레우스의

아가멤논에게 끌려가는 아킬레우스의 애첩 브리세이스
조반니 바티스타 티에폴로(Giovanni Battista Tiepolo), 1757년
이탈리아 빌라 발마라나(개인 소유)

수중에 떨어진 브리세이스를 위로하면서 아킬레우스가 그녀와 결혼하
도록 애써 보겠다고 약속했던 것이다. 그 이후 그녀는 실제로 아킬레
우스가 가장 아끼고 사랑하는 여인이 되었다.

『변신이야기』의 저자인 로마의 시인 오비디우스는 또 다른 작품 『헤
로이데스』에서 아킬레우스에 대한 브리세이스의 절절한 사랑을 편지
의 형식에 담아 전하기도 했다.

신화해설

브리세이스는 아킬레우스의 분노를 주제로 하는 호메로스의 『일리
아스』에서 큰 이야기 축을 담당한다. 헬레네가 트로이 전쟁이 일어나
게 되는 원인이라면 브리세이스는 전쟁의 판도를 요동치게 만들어 영

웅들의 부침을 이끌어 내는 일종의 촉매 역할을 한다. 『일리아스』에서 브리세이스는 전신(戰神) 아레스에 비교되는 영웅 아킬레우스가 주도하는 전쟁의 무자비한 살육과 약탈의 반복에 설득력 있는 이야기 얼개를 제공하여 감동적인 서사시로 승화시킨다.

브리세이스와 아킬레우스의 스승 포이닉스
브리고스(Brygos)의 화가라는 서명이 새겨진 적색상 도기, 기원전 490년경, 루브르 박물관

브리아레오스 Briareos

요약

그리스 신화에 등장하는 100개의 팔과 50개의 머리를 지닌 거인 삼
형제 헤카톤케이레스 중 한 명이다.

올림포스 신들과 티탄 신들 사이에 전쟁이 벌어졌을 때(티타노마키아)
제우스를 도와 올림포스 신들이 전쟁에 승리하도록 도왔다. 특히 브
리아레오스는 헤라, 포세이돈 등이 제우스에게 반기를 들었을 때도
제우스를 도와 반란을 진압하였다.

기본정보

구분	헤카톤케이레스
상징	막강한 힘
외국어 표기	그리스어: Βριάρεως, 아이가이온(Αἰγαίων)
별칭	아이가이온(Aigaion)
관련 신화	티타노마키아
가족관계	가이아의 아들, 우라노스의 아들, 키모폴레이아의 남편, 오이올리케의 아버지

인물관계

브리아레오스는 가이아와 우라노스 사이에서 태어난 거인 삼형제
헤카톤케이레스의 하나로 아이가이온이라고도 불린다. 나머지 두 명
은 코토스와 기게스(혹은 기에스)이다.

헤카톤케이레스는 가이아와 우라노스의 자식들인 키클로페스, 1세대 티탄 12신 등과 형제이다. 브리아레오스는 포세이돈의 딸인 바다의 님페 키모폴레이아와 결혼하여 딸 오이올리케를 낳았다.

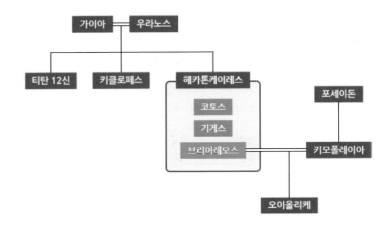

신화이야기

티타노마키아(티탄 전쟁)와 헤카톤케이레스

브리아레오스는 100개의 팔과 50개의 머리를 지닌 거인 삼형제 헤카톤케이레스 중 한 명이다. 호메로스에 따르면 브리아레오스는 신들이 부르는 이름이고 인간들이 그를 부르는 이름은 아이가이온이라고 한다.

헤카톤케이레스 형제는 외눈박이 거인 키클로페스와 마찬가지로 대지의 여신 가이아와 하늘의 신 우라노스의 결합으로 태어났는데 우라노스는 이들이 태어나자 흉물스럽다고 여겨 지하세계 가장 깊숙한 곳인 타르타로스에 가두어 버렸다.(혹은 이들을 낳은 가이아의 자궁 속으로 다시 밀어 넣었다는 이야기도 있다) 이로 인해 커다란 고통을 받은 가이아는 막내아들 크로노스를 시켜 아버지 우라노스의 성기를 잘라버리게 함으로써 남편의 부당한 처사에 복수하였다.

하지만 아버지에 뒤이어 우주의 지배자가 된 크로노스는 헤카톤케이레스의 막강한 힘을 두려워하여 타르타로스에서 꺼내주지 않았고, 이에 화가 난 가이아는 손자 제우스를 도와 크로노스와 크로노스가 이끄는 티탄 신족을 타도하게 하였다. 가이아는 제우스에게 티탄들과의 싸움에서 이기려면 타르타로스에 갇혀 있는 헤카톤

노동자 브리아레오스
1890년의 정치만평
: 노동계의 불안이 자본주의에 다면적으로 위협이
되고 있음을 우화적으로 표현하였다.

케이레스와 키클로페스의 힘이 필요하다고 말해주었다. 제우스는 가이아의 조언에 따라 헤카톤케이레스와 키클로페스를 타르타로스에서 해방시켰다.

신들의 음식인 넥타르와 암브로시아를 먹어 빠르게 원기를 회복한 헤카톤케이레스는 한꺼번에 300개의 바위를 집어던지며 티탄 신족에게 맹공을 퍼부었고, 결국 티탄과의 전쟁(티타노마키아)은 제우스가 이끄는 올림포스 신들의 승리로 끝이 났다. 이 승리로 모든 신들과 인간들의 왕이 된 제우스는 전쟁에서 패한 티탄들을 타르타로스에 유폐시킨 다음 헤카톤케이레스를 타르타로스의 수문장으로 삼아 티탄들이 그곳을 빠져나오지 못하도록 지키게 하였다. 이로써 티탄의 시대가 끝나고 제우스를 주신으로 하는 올림포스 신들의 시대가 시작되었다.

제우스에 대한 올림포스 신들의 반란을 진압한 브리아레오스

그리스 신화에는 브리아레오스에 관한 이야기가 또 한 가지 전해진다. 올림포스 신들이 제우스에게 반기를 들었을 때의 일이다.

티탄과 기간테스를 상대로 벌인 전쟁에서 모두 승리한 뒤 제우스의

권력이 하늘을 찌를 듯 높아지자 평소 남편의 바람기에 화가 나 있던 헤라는 포세이돈, 아폴론, 아테나 등과 공모하여 제우스에게 반란을 일으켰다. 이들은 낮잠을 자고 있던 제우스를 덮쳐 쇠사슬로 꽁꽁 묶는데 성공했다. 하지만 올림포스의 신들 중 제우스를 돕는 이는 아무도 없었다. 오직 바다의 여신 테티스만이 달려와서 제우스를 구하기 위해 타르타로스의 출입문을 지키고 있던 브리아레오스를 불러냈다. 브리아레오스는 100개의 팔을 휘두르며 사납게 위협하여 제우스를 구해냈다. 제우스는 그 보답으로 포세이돈의 딸 키모폴레이아를 그에게 아내로 주었다.

일설에 따르면 제우스는 브리아레오스에게 타르타로스를 지키는 일도 면제시켜 주었다고 한다.

브리토마르티스 Britomartis

요약

    그리스 신화에 나오는 크레타 섬 출신의 님페로 딕틴나(그물 아가씨) 혹은 아파이아(보이지 않는 여인)라고도 부른다.

    아르테미스 여신을 따르는 처녀사냥꾼이었는데 미노스 왕의 구애를 피해 아홉 달을 도망치다 절벽에서 뛰어내렸다. 하지만 어부의 그물에 걸려 목숨을 구했고 그때부터 딕틴나라는 이름으로 불리었다.

기본정보

구분	님페
상징	처녀 사냥꾼, 처녀 기사(騎士)
외국어 표기	그리스어: Βριόμαρτις
어원	온화한 처녀
별칭	아파이아(Aphaea), 딕틴나(Diktynna)
관련 지명	크레타 섬
관련 신화	미노스 왕
가족관계	제우스의 딸, 카르메의 딸

인물관계

    브리토마르티스는 제우스와 님페 카르메 사이에서 태어난 딸이다. 카르메는 크레타 섬의 사제 카르마노르의 아들인 쟁기질의 수호신 에우불로스의 딸로 곡식의 수확을 관장하는 크레타 섬의 님페이다.

    아르테미스 여신을 따르는 처녀 님페였던 브리토마르티스는 크레타 왕 미노스에게 구애를 받았으나 뿌리쳤다.

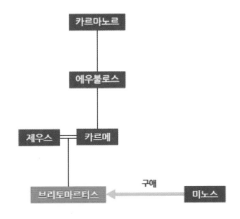

신화이야기

개요

브리토마르티스는 제우스와 카르메의 딸이다. 그녀는 크레타 섬의
고르티나 출신으로 아르테미스 여신을 따르는 처녀 님페였다. 이름은
'온화한 처녀'라는 뜻이다. 때로 그녀는 딕틴나(Diktynna, 그물 아가씨)
혹은 아파이아(Aphaea, 보이지 않는 여인)로 불리기도 한다.

미노스와 브리토마르티스

제우스의 자식 가운데 한 명이었던 미노스 왕은 아르테미스를 따르
는 님페 브리토마르티스에게 사랑에 빠져 아홉 달 동안이나 그녀를
쫓아다녔다. 크레타의 온갖 산과 들을 돌며 도망치던 그녀는 결국 높
은 절벽에 이르러 곧 잡힐 운명에 처했다. 그러나 그녀는 잡히기 직전
바다로 뛰어내렸고 이후 어부들의 그물에 걸려 목숨을 구했다. 여기에
서 그녀의 또 다른 이름인 딕틴나가 유래했다. 딕틴나는 '그물 아가씨'
라는 뜻이다.

다른 전승에 의하면 브리토마르티스는 안드로메데스라는 어부의 배를 타고 아이기나 섬으로 들어갔다. 어부에게 쫓기던 그녀는 어느 산에 이르러 자신의 몸을 숨겨 피할 수 있었다. 이런 까닭에 미케네 시대에 그녀는 아파이아란 이름으로 숭배를 받았다. 아파이아의 어원은 aphanes로, '숨은' 혹은 '눈에 보이지 않는'이란 뜻이다. 아이기나 섬의 그 산에는 그녀를 기리던 유적이 아직도 남아있다.

이와 관련하여 학자들은 원래 미노아 시대에 숭배되던 신이었던 브리토마르티스가 나중에 아이기나 섬에서는 아파이아, 서(西)크레타에서는 딕틴나로 전승되었을 것으로 여긴다.

브리토마르티스의 무서운 형상

고대 그리스 미노아 시대의 유물 가운데 동전이나 인장, 반지 등에서 발견되는 브리토마르티스는 고르고 메두사와 같은 무서운 괴물의 형상이다. 거기에 그녀는 언제나 양날 도끼를 들고 사나운 개들을 몰고 다니는 모습이다. 이런 무서운 형상을 지닌 인물을 브리토마르티스 즉 온화한 처녀라고 부른 이유는 그렇게 부름으로써 그녀의 공포스러운 위력을 완화시키려는 의도에서 온 것이라고 한다.

딕틴나의 유래

딕틴나라는 이름에는 또 다른 전승들이 있다. 브리토마르티스에게 딕틴나라는 별명이 붙은 까닭은 그녀가 사냥용 그물을 발명했기 때문이라는 것이다. 이외에도 그녀가 사냥을 하다가 그물에 걸렸는데 아르테미스의 도움으로 구출된 후 딕틴나라는 이름으로 신적 대우를 받았다는 이야기도 있다.

한편 수렵의 여신 아르테미스 역시 딕틴나라는 이름으로 불리기도 하는데, 이를 통해 전승 과정에서 비슷한 속성을 지닌 신들이 서로 겹쳐지는 양상을 보인다는 것을 알 수 있다. 즉 브리토마르티스는 경우에 따라서 아르테미스를 따르는 님페로 혹은 아르테미스와 동일 인물로 여겨지기도 하는 것이다.

이외에도 제우스가 태어난 곳으로 알려진 크레타의 딕테 산에서 딕틴나라는 이름의 어원을 찾기도 한다. 이와 함께 어린 시절 제우스가 아버지 크로노스를 피해 딕테 산으로 피신했을 때 제우스에게 젖을 먹이며 돌봐준 유모 아말테이아를 브리토마르티스와 혼동하기도 한다.

관련 작품

문학

16세기 영국의 위대한 시인 에드먼드 스펜서는 우화적인 장편서사시 〈요정여왕(The Faerie Queene)〉에서 여신 브리토마르티스를 브리토마르트라는 인물로 변형시켰다. 브리토마르트는 순결을 상징하는 처녀 기사인 동시에 강력한 군사력을 소유한 여성이다. 작가는 그녀의 이름을 통해 강력한 영국의 군사력을 표현했다. 즉 Brito는 Britain을, Mart는 로마의 전쟁의 신 Mars의 변형으로 이해된다. 몇몇 비평가들은 스펜서가 브리토마르트를 통해 당시 위대한 여성 군주였던 엘리자베스 1세를 그렸다고 본다.

미국의 예술사학자 카밀 패이글리아는 스펜서의 여주인공 브리토마르트를 문학사상 성적인 콤플렉스가 가장 강한 여성으로 해석한다. 패이글리아에 따르면 브리토마르트는 소년의 모습을 한 뛰어난 아폴론적 자웅동체인간이다. 하지만 남자 주인공들을 때려눕히던 그녀는 모성을 위해 자신의 모든 남성적인 힘과 능력을 포기한다. 패이글리아는 이런 힘과 자유를 소유했던 이상적인 여성 유형을 영국 르네상스의 전형적 특징으로 보았다.

이와 대조적으로 이탈리아 르네상스 예술에는 복종적이고 아무 특징 없는 여성 유형이 주를 이룬다는 것이 그녀의 견해이다.

20세기 미국 작가 토마스 버거는 아서 왕의 전설을 다룬 소설 『아서왕』에서 아서 왕이 죽은 후 왕비 귀네비어가 브리토마르트로 알려진 강력한 여기사가 되었다는 암시를 남기기도 했다.

미술

미노스와 브리토마르티스
1600년, 프랑크푸르트 응용예술박물관
: 거울 뒷면 장식으로 구리 프레임에 금도금을 하였다.

물에 빠진 브리토마르티스

태피스트리. 장 쿠쟁(Jean Cousin the Elder) 작 추정, 1547~1559년

: 태피스트리 상단에 불어로 쓰인 신화의 내용은 다음과 같다.

"자신을 강제로 취하려는 미노스 왕을 피해 브리토마르티스는 차라리 바다에 몸을 던져 생을 마감하려 한다. 이를 가엾게 여긴 디아나(혹은 아르테미스)는 그물을 만들어 그녀를 구해내어 성지로 옮겨주었다. 그때부터 그리스인들은 그녀를 딕틴나로 불렀다. 오 신성한 죽음이여, 큰 불행을 통해 세상에 고귀한 것을 선사하나니."

디아나 여신은 태피스트리의 중앙에 서 있고, 그녀의 이마 위엔 초승달이 달려 있다. 오른쪽에 물에 빠진 브리토마르티스가 물 위로 한쪽 팔을 쳐들고 있다. 가운데 부분 뒷쪽에는 크레타의 왕 미노스가 경악하듯 두 팔을 올린 채 물 쪽을 쳐다보고 있다. 그 옆에는 사랑을 의미하는 에로스가 깜짝 놀라며 붙어 있다. 그림의 오른쪽 뒷부분에는 어부들이 그물로 브리토마르티스를 건져내는 장면이 묘사되어 있다. 그리고 왼쪽 후면에는 미노스 왕에게 쫓기는 브리토마르티스가 있고, 그 뒤 오른쪽엔 디아나가 두 명의 어부들에게 그물을 건네주는 모습이 묘사되어 있다.

여기에 디아나로 묘사된 인물은 16세기 앙리 2세의 애첩 디안 드 푸아티에(Diane de Poitiers)이다. 앙리 2세는 그녀에게 아네 성(Chateau d'Anet)을 헌사했고, 이 태피스트리는 같은 이름의 여신 복장을 한 그녀를 기리기 위해 제작되어 아네 성에 설치되었다고 전해진다.

비블리스 Byblis

요약

아폴론의 아들 밀레토스와 강의 신의 딸 키아니에의 딸이다.
쌍둥이 오빠 카우노스를 사랑하지만 그 사랑을 이루지 못하고 샘이
되고 말았다.

기본정보

구분	신화 속 인물
상징	이루지 못한 사랑, 짝사랑의 아픔
외국어 표기	그리스어: Βυβλίς
관련 신화	카우노스

인물관계

아폴론의 아들 밀레토스와 강의 신의
딸 키아니에의 딸로, 쌍둥이 오빠 카우
노스가 있다.

신화이야기

하늘도 허락하지 않은 사랑

세상에 많은 신화 중에 사람들이 특히 그리스 신화에 열광하는 이유는, 그리스 신화 속의 신들이 완벽한 존재라기보다는 인간들처럼 실수도 하고 사랑도 하고 질투도 하고 실연의 아픔에 힘들어하는 지극히 인간적인 모습을 보이기 때문일지도 모른다.

아폴론을 할아버지로 둔 비블리스는 할아버지가 아무리 위대한 신이라 하더라도 하늘이 허락하지 않은 사랑을 함으로써 슬픈 종말을 맞이하고 만다.

비블리스의 아버지는 아폴론과 아카칼리스의 아들 밀레토스이다. 밀레토스는 크레타 섬에서 소아시아로 건너가 자신의 이름을 딴 도시국가를 세우고 강의 신의 딸 키아네에와 결혼하여 쌍둥이 남매 카우노스와 비블리스를 낳았다.

『변신이야기』에서는 쌍둥이 오빠를 사랑한 비블리스의 애타는 사랑

비블리스
윌리엄 아돌프 부그로(William Adolphe Bouguereau), 1884년, 인도 사라르 정 박물관

과 갈등을 마치 책 속에서 눈물이 배어날 것처럼 생동감 있게 그리고 있다.

쌍둥이 오빠를 사랑한 비블리스는 꿈 속에서도 오빠를 그리며 마음을 정리하지 못했다. 그녀는 자기가 사랑하는 남자가 친오빠인 것을 괴로워했다. 그녀는 오빠와의 사랑을 이룰 수 있다는 희망과 천륜을 어기고 있다는 죄의식 사이에서 갈팡질팡했다. 감정의

카우노스를 추적하는 비블리스
프랑소아 샤보(Francois Chaveau), 17세기
: 동생의 사랑이 버거워 달아나는 오빠의 뒤를 애타게 쫓는 비블리스. 거부하는 오빠의 손짓과 오빠의 옷자락이라도 잡으려고 급박하게 손을 내미는 비블리스. 비블리스 머리 위의 에로스도 오빠에게 사랑의 화살을 쏘려고 하나 여의치 않은 모습이다.

소용돌이를 겪다가 그녀는 결국 이성보다는 마음의 소리를 따른다. 그녀는 신들도 자신의 혈족과 결혼을 했고 바람을 다스리는 아이올로스의 6명의 아들들도 자신들의 누이들과 결혼해 행복하게 살았는데 자신도 오빠를 떳떳하게 사랑할 수 있다고 자신의 처지를 합리화했다. 그녀는 오빠 카우노스에게 사랑을 고백하기로 결심하고, 차마 얼굴을 마주보고 말하기는 부끄러워 글로 자신의 마음을 전달하기로 했다. 그녀는 서판에 자신의 마음을 쓰고 지우기를 반복하다가 마침내 사랑의 편지를 완성했다. 비블리스는 오빠에게 자신을 죽일 수도 있고 살릴 수도 있는 사람은 바로 오빠이고 자신의 무덤에 자신이 오빠 때문에 죽었다는 비문을 남기게 하지 말아달라고 했다. 이어 비블리스는 편지를 오빠에게 전달해 달라고 하인에게 부탁했다. 그러나 사랑의 메신저 역할을 한 하인은 카우노스에게 날벼락을 맞았다. 동생의 마음을 읽은 오빠 카우노스는 서판을 내동댕이쳤고, 격분하여 죄 없는 하인에게 독설을 퍼부었다. 그는 하인에게 금지된 쾌락 따위나

중매하는 못된 인간이라고 말하며 죽고 싶지 않으면 빨리 이 자리를 떠나라고 했다.

하인은 비블리스에게 오빠 카우노스의 격한 반응을 전했다. 비블리스는 오빠의 싸늘한 태도에 자신의 행동을 후회하기보다는 사랑을 전달하는 방법이 잘못되었다고 생각했다. 오빠에게 직접 고백을 했다면 오빠가 사랑하는 동생의 눈물과 애절한 얼굴을 보고 매몰차게 대하지도 못했을 것이고, 또 오빠가 자신의 사랑을 거부한다해도 죽는 시늉을 하며 그의 두 발을 껴안고 무릎을 꿇고 매달리면 오빠의 마음을 되돌릴 수 있었을 것이라고 생각했다. 그녀는 자신이 오빠의 사랑을 쟁취하기 위해 최선을 다하지 못했음을 자책했다. 동시에 하인이 사랑의 메신저 역할을 제대로 하지 못했다고 투덜댔다. 하인이 사랑의 메신저로서 좀더 노련하게 행동해야 했고 사랑의 편지를 전달할 시기도 잘 선택했어야 했는데 막무가내로 오빠에게 사랑의 편지를 전달해서 오빠의 분노를 샀다고 원망했다.

비블리스의 사랑은 한 번의 실패로 끝날 사랑이 아니었다. 그녀는 숨을 쉴 수 있는 한 계속 오빠의 마음을 두드려보리라 결심했다. 사랑에 눈이 먼 비블리스는 자기 자신을 제어하지 못하고 또 다시 사랑을 고백하였고 오빠에게 거듭 냉정한 거부의 말을 들었다.

샘으로 변하는 비블리스
장 자크 헤너(Jean Jacques Henner), 1867년, 프랑스 디종미술관

샘이 되어 버린 비블리스

　오빠는 동생의 사랑이 식을 기미가 보이지 않자 고향을 떠나 이국 땅으로 가서 그 곳에 새롭게 도시를 건설하였다. 이 도시는 소아시아 카리아 지방의 남서부에 있는 카우노스이다. 비블리스는 죽도록 사랑하는 오빠가 눈 앞에서 사라지자 미칠 듯이 오빠를 쫓아가다가 정신을 잃고 미쳐 날뛰다 차가운 땅에 머리를 길게 드리운 채 쓰러졌다. 그녀는 낙엽 속에 얼굴을 묻고 손톱으로 풀을 움켜쥐고 끊임없이 눈물을 흘렸다. 냇물처럼 쏟아지는 눈물은 풀밭을 흥건히 적셨다. 물의 요정들이 그녀의 눈물을 받을 수 있는 결코 마르지 않는 샘을 마련해 주었고 비블리스는 자신의 눈물에 녹아내려 샘으로 변하고 말았다.

비아 Bia

요약

그리스 신화에 등장하는 폭력을 의인화한 여신이다.

티탄 전쟁 때 형제들과 함께 제우스의 편에 서서 싸운 공로로 그의 심복이 되었다. 제우스는 자신의 명을 어기고 인간을 도운 죄로 프로메테우스를 벌할 때 비아와 크라토스 남매를 형벌의 집행자로 삼았다.

기본정보

구분	개념이 의인화된 신
상징	폭력, 거친 에너지
외국어 표기	그리스어: Bία
관련 신화	티타노마키아, 프로메테우스의 형벌
가족관계	스틱스의 딸, 팔라스의 딸, 니케의 자매

인물관계

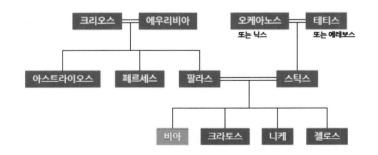

비아는 티탄 신 크리오스와 에우리비아의 아들인 거인 팔라스와 저 승을 흐르는 강의 여신 스틱스 사이에서 태어난 딸이다. 팔라스와 스틱스 사이에서는 그밖에도 승리의 여신 니케, 경쟁의 신 젤로스, 권력의 신 크라토스가 태어났다.

신화이야기

스틱스와 그 자녀들

대양강 오케아노스의 물줄기에서 갈라져 나와 아르카디아의 협곡을 지나 저승으로 흘러드는 강의 여신 스틱스는 티탄 신족 팔라스와 결혼하여 니케(승리), 크라토스(폭력), 비아(힘), 젤로스(경쟁심) 등 네 자녀를 낳았다. 하지만 스틱스는 제우스가 티탄 신족과 전쟁을 벌였을 때 (티타노마키아) 네 자녀와 함께 제일 먼저 달려가 제우스의 승리를 도왔다. 제우스는 이때의 공을 높이 사 신들에게 중요한 맹세를 할 때 스틱스의 이름을 걸고 약속하도록 명했으며 비아를 비롯한 스틱스의 네 자녀들은 자신과 항상 동행하는 심복으로 삼았다.

프로메테우스에 대한 형벌의 집행자

프로메테우스는 제우스의 명령을 어기고 인간에게 몰래 불과 지혜를 선사한 죄로 카우카소스의 바위산에 쇠사슬로 묶인 채 독수리에게 간을 쪼아 먹히는 벌을 받았다. 이때 제우스는 스틱스의 자녀인 비아와 크라토스를 형벌의 집행자로 삼아 대장장이 신 헤파이스토스가 만든 절대로 끊어지지 않는 쇠사슬을 가지고 프로메테우스를 바위에 결박하게 하였다.(폭력과 권력을 관장하는 비아와 크라토스는 그리스 신화에서 대부분 함께 등장한다)

제우스가 보낸 독수리에게 쪼아 먹힌 프로메테우스의 간은 하룻밤

만 지나면 다시 온전하게 새 살이 돋아났기 때문에 프로메테우스는 날마다 똑같은 고통을 받아야 했다. 프로메테우스를 이 영원한 고통에서 해방시켜준 이는 영웅 헤라클레스였다.

한편, 코린토스의 아크로폴리스 언덕(아크로코린토스)에는 폭력을 관장하는 비아 여신과 운명의 강제력을 관장하는 아난케 여신을 모신 신전이 있었다고 한다.

그 리 스 로 마 신 화 인 물 사 전

Greek Roman mythology Dictionary

사르페돈 Sarpedon

요약

그리스 신화에 나오는 리키아의 왕으로 트로이 전쟁의 영웅이다.

기본정보

구분	리키아의 왕
상징	노블리스 오블리제
외국어 표기	그리스어: Σαρπηδών
관련 신화	트로이 전쟁
가족관계	제우스의 아들, 미노스의 형제, 라다만티스의 형제, 라오다메이아의 아들

인물관계

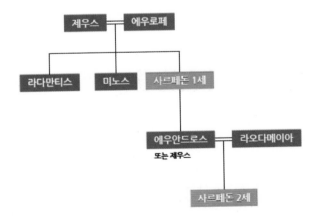

사르페돈(I)은 제우스와 에우로페의 아들로 미노스와 라다만티스의 형제이고 사르페돈(II)는 사르페돈(I)의 아들 에우안드로스(혹은 제우스)와 라오다메이아의 아들이다.

신화이야기

제우스와 에우로페의 아들 사르페돈

제우스가 변신한 황소의 등에 실려 크레타 섬으로 간 에우로페는 제우스와의 사이에서 세 아들 사르페돈, 라다만티스, 미노스를 낳았다. 그 후 에우로페는 크레타의 왕 아스테리오스와 결혼을 하고 삼형제는 아스테리오스의 궁에서 의붓아들로 성장하였다.

나중에 삼형제 사이에 아름다운 소년 밀레토스를 두고 다툼이 벌어졌는데 밀레토스가 사르페돈을 선택하자 미노스는 두 형제를 크레타에서 쫓아내고 섬의 통치자가 되었다. 또 다른 이야기에 따르면 세 형제의 싸움은 아스테리오스 사후에 벌어진 왕위 쟁탈전이었다고 한다.

아무튼 크레타에서 추방된 사르페돈은 밀레토스와 함께 소아시아 남부로 피신하여 어머니 에우로페의 형제인 숙부 킬릭스에게 의탁하였다. 그 후 밀레토스는 서해안 부근으로 옮겨 가서 그곳에 자신의 이름을 딴 도시를 세웠고, 사르페돈은 숙부의 도움으로 밀리안이라고 불리는 민족을 정복하고 리키아 왕국을 건설했다. 리키아라는 이름은 사르페돈과 함께 나라를 통치했던 리코스의 이름에서 유래하였다.

제우스와 라오다메이아의 아들 사르페돈

제우스와 벨레로폰테스의 딸 라오다메이아 사이에서 난 아들 사르페돈은 리키아의 왕으로 사촌 글라우코스와 함께 트로이 전쟁에 참여한 영웅이다. 그는 트로이군의 가장 용감하고 위대한 전사로 손꼽힌다.

사르페돈을 나르는 잠의 신과 죽음의 신
아티카 적색상 도기, 기원전 515년, 뉴욕 메트로폴리탄 미술관

호메로스의 『일리아스』에서 그는 헥토르와 트로이 병사들이 싸움터에서 용기를 잃고 머뭇거리자, 자신과 리키아인들은 그리스인들과 싸울 하등의 이유가 없지만 트로이와 동맹을 맺은 신의를 지키기 위해 목숨을 버리고 싸우는데 정작 트로이인들은 사자 주위의 개떼처럼 몸을 사린다고 준엄하게 꾸짖어 병사들의 사기를 다시 끌어올렸고, 헤라클레스의 아들 트레프톨레모스를 죽였다.

사르페돈이 선봉장이 되어 그리스군이 함대 주위에 쌓아 놓은 성벽을 공격할 때 그가 사촌 글라우코스를 독려하며 한 말은 '노블리스 오블리제'가 무엇인지를 더없이 잘 보여준다.

"글라우코스여, 대체 무엇 때문에 우리 두 사람은 리키아 땅에서
고기와 가득 찬 술잔으로 남다른 존경을 받고 있으며,
모든 사람들이 우리를 신처럼 우러러보고 있는가?
그리고 무엇 때문에 우리는 크산토스 강의 제방 옆에 과수원과 밀
밭이 있는 아름답고 큰 영지를 차지하고 있는가?
치열한 전투 속으로 뛰어들어야 할 것이오.

그래야만 단단히 무장한 리키아인들 중에 누군가가 이렇게 말할 테니까.

'과연 리키아 땅을 통치하는 우리의 왕들은 불명예스런 자들이 아니다. 그들은 살찐 양을 먹고 꿀처럼 달콤한 정선된 술을 마시지만 힘도 뛰어난 자들이다. 저렇게 리키아인들의 선두 대열에서 싸우고 있으니 말이다.'

친구여, 만일 우리가 이 싸움을 피함으로 해서 영원히 늙지도 죽지도 않을 운명이라면야 나 자신도 선두 대열에서 싸우지 않을 것이며 또 남자의 명예를 높여주는 싸움터로 그대를 내보내지도 않을 것이오.

하지만 죽어야 할 인간으로서는 면할 수도 피할 수도 없는 무수한 죽음의 운명이 여전히 우리를 위협하고 있으니 자, 나갑시다. 우리가 남에게 명성을 주든 아니면 남이 우리에게 주든."

사르페돈을 나르는 잠의 신과 죽음의 신
에트루리아, 기원전 400~380년, 클리블랜드 미술관

사르페돈은 아킬레우스의 갑옷을 입고 싸움터에 나온 파트로클로스가 던진 창에 맞아 그만 목숨을 잃는다. 그러자 제우스는 사랑하는 아들의 죽음이 안타까워 그의 생명을 연장하려 했다. 하지만 헤라가 이를 눈치 채고 제우스에게 운명의 법칙을 거스르려 한다며 비난했고, 제우스는 하는 수 없이 아들의 시체를 싸움터에서 빼내어 죽음의 신과 잠의 신으로 하여금 고향인 리키아로 옮기게 했다. 그곳에서 제우스는 아들 사르페돈의 장례식을 성대하게 치러 주었다. 다른 이야기에 따르면

89

크레타의 사르페돈과 트
로이의 사르페돈은 실은
동일 인물이며 제우스가
그에게 특별히 3세대에
걸친 오랜 수명을 선사해
서 트로이 전쟁에도 참여
할 수 있었다고 한다. 하
지만 라오다메이아(일설에

사르페돈의 죽음
적색상 도기, 기원전 400년, 폴리코로 국립고고학박물관

는 데이다메이아라고도 하는데 동일인으로 보임)를 주인공으로 하는 또 다
른 신화에서 두 사르페돈은 각기 다른 세대에 속하는 다른 인물이며
라오다메이아가 제우스와 정을 통한 뒤에 크레타의 사르페돈의 아들
인 에우안드로스와 결혼하여 낳은 아들이 트로이의 사르페돈이라고
한다.

포세이돈의 아들 사르페돈

세 번째 사르페돈은 포세이돈의 아들로, 거인이었고 트라키아 남부
도시 아이누스의 왕 폴티스와 형제지간이다. 그는 영웅은 아니었고 거
만하고 무례하여 아마조네스 원정길 중에 들른 헤라클레스에게 죽임
을 당했다.

사온 Saon

요약

   그리스 신화에는 두 명의 사온이 나온다. 한 명은 사모트라케의 전설적인 건설자이고 또 한 명은 트로포니오스의 신탁소를 건설한 보이오티아의 사온이다.

   보이오티아의 사온은 꿀벌 떼의 인도로 땅굴 속에서 트로포니오스를 만나 신탁을 받고 보이오티아의 극심한 가뭄을 해결하였다.

기본정보

구분	신화 속 인물
외국어 표기	그리스어: Σάων
관련 상징	꿀벌
관련 신화	트로포니오스 신탁소, 사모트라케 건설

인물관계

   사모트라케의 건설자 사온은 제우스와 무명의 님페(혹은 헤르메스와 레네) 사이에서 태어난 아들이고, 트로포니오스 신탁소의 건설자 사온은 보이오티아 지방 아크라이프니아 출신으로만 알려져 있다.

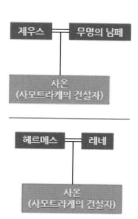

신화이야기

92

사모트라케의 건설자

사모트라케의 신화적 건설자로 여겨지는 사온은 제우스와 무명의 님페 사이에 태어난 아들 혹은 헤르메스와 레네 사이의 아들이란 이야기가 있다. 그는 흩어져 살던 사모트라케의 주민들을 한 곳으로 모아 나라를 건설한 후 법을 제정하여 통치했다고 전해진다.

트로포니오스의 신탁을 받은 사온

보이오티아인으로 트로포니오스의 신탁을 받은 사온이 있다.

그는 보이오티아에 극심한 가뭄이 들자 도시에서 대표자들을 뽑아 신탁을 물으러 델포이로 보냈다. 델포이의 아폴론 사원에 거주하는 여성 사제 피티아는 그들에게 레바데이아로 가서 트로포니오스의 신탁을 물으라고 지시했다. 하지만 아무도 트로포니오스를 발견하지 못해 헤매는 가운데 가장 연장자인 사온이 꿀벌 떼를 발견하고는 그것들을 따라 땅 속으로 통하는 동굴로 들어갔다. 그곳에서 그는 정령(다이몬) 혹은 신으로 여

벌집을 든 트로포니오스
『Historia Deorum Fatidicorum(신탁의 역사)』
에 실린 삽화, 1675년, 제네바

겨지는 트로포니오스를 발견하고 그를 기리는 예배 및 신탁을 창설하는 데 필요한 지침들을 받았고, 이로써 보이오티아의 가뭄을 해결할 수 있었다.

사티로스 Satyros

요약

그리스 신화에 나오는 반인반수의 모습을 한 숲의 정령들이다.
디오니소스를 따르는 무리로 장난이 심하고 주색을 밝혀 늘 님페들
의 꽁무니를 쫓아다닌다. 로마 신화의 파우누스와 동일시된다.
고대 그리스의 디오니소스 제전에서 비극들 사이에 공연되는 익살
극인 사티로스극은 이들의 이름에서 유래하였다.

기본정보

구분	정령
상징	익살, 음탕, 주색
외국어 표기	그리스어: Σάτυρος. 복수형 사티로이(Σάτυροι)
어원	뚱보, 풍만한 사람
로마신화	파우누스
별칭	사티르(Satyr).
관련 상징	염소, 음경, 아울로스(피리의 일종)
가족관계	오레아데스의 남매, 쿠레테스의 형제

인물관계

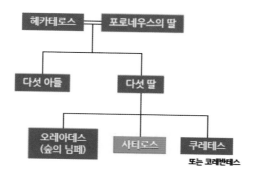

헤시오도스에 따르면 사티로스는 원초적인 토속신 헤카테로스가 최초의 인간 포로네우스의 딸에게서 얻은 다섯 명의 딸들이 낳은 자식들이라고 한다. 하지만 이들의 혈통에 관해서는 다양한 이야기들이 있다.

신화이야기

개요

사티로스의 혈통은 정확치 않다. 헤시오도스는 그들이 토속신 헤카테로스가 최초의 인간인 포로네우스의 딸과 결혼하여 얻은 다섯 명의 딸들이 낳은 자식들이라고 말했다.

그리스 신화에서 남성인 사티로스들은 여성인 님페들과 짝을 이루는 숲의 정령으로 묘사된다. 그들은 머리가 동글동글하고 코는

아울로스를 든 사티로스
아티카 붉은 접시, 기원전 520~550년
프랑스 메달 박물관

납작하고 귀는 당나귀처럼 뾰족하며 이마에 작은 뿔이 두 개 솟아 있고 엉덩이에는 말꼬리가 달려 있다. 다리는 그냥 평범한 인간의 모습이거나 아니면 털이 북슬북슬하고 염소처럼 꺾여 있으며 발굽이 있는 모습으로 묘사되기도 한다. 이와 같은 반인반수의 형상은 대체로 목신 판과 비슷하지만 늘 술에 취해 있기 때문에 얼굴이 불그스레하고 항상 음경이 발기해 있는 것이 특징이다. 노새나 염소의 음경을 달고 있는 모습으로 표현되기도 한다.

이러한 모습에 걸맞게 사티로스들은 주색을 무척 밝혔다. 목신 판도

호색한으로 묘사되지만 사티로
스에 비할 바가 못된다. 사티로스
들은 저급하고 익살맞고 음탕했
다. 늘 님페들의 꽁무니를 쫓아다
니다 틈만 나면 달려들어 욕망을
채우곤 했다.

사티로스들은 술의 신 디오니
소스의 추종자로 묘사되기도 하
는데 이때는 대개 디오니소스의
여사제인 마이나데스와 함께 등
장한다.

술에 취한 실레노스
로마 시대 석상, 2세기, 루브르 박물관

유명한 사티로스들

사티로스들은 늘 무리로 묘사되지만 간혹 개인으로 신화에 등장하
는 경우도 있다. 가장 유명한 인물은 실레노스이다.

실레노스는 머리가 벗겨진 배불뚝이 노인으로 늘 술에 취해 노새를
타고 다녔다. 하지만 그는 실용적인 지혜가 있다는 평판을 듣고 있으
며 예언 능력도 있었다고 한다. 사티로스극에서 실레노스는 사티로스

사티로스와 염소
아티카 흑색상 도기, 기원전 520년, 메트로폴리탄 미술관

들의 우두머리로 등
장한다. 전승에 따라
실레노스는 사티로스
들과 다른 정령의 무
리로 간주되기도 하
는데 이때는 복수형
으로 '실레니'라고 표
현되기도 한다.

마르시아스도 사티

로스의 한 명인데 우연히 아테나 여신이 버린 피리를 주웠다가 끔찍한 운명을 맞게 되었다. 피리를 곧잘 불게 되자 우쭐해진 마르시아스가 음악의 신 아폴론에게 도전장을 내밀었기 때문이다. 분노한 아폴론은 연주 경쟁에서 승리한 뒤 마르시아스를 나무에 묶고 살가죽을

님페와 사티로스
윌리암 아돌프 부그로(William Adolphe Bouguereau), 1873년
메사추세츠 클락 미술관

벗겼다고 한다. 마르시아스의 신화는 아폴론과 연주를 겨룬 판의 신
화와도 비슷하다.

사티로스극

사티로스극은 비극과 마찬가지로 고대 그리스의 디오니소스 축제에
서 발전된 극 형식이다. 그리스 비극은 3부작으로 공연되었는데 그 사
이에 막간극 형태로 공연된 저급하고 익살스러운 소극(笑劇)이 바로
사티로스극이다. 비극과 마찬가지로 코러스가 등장하여 배우와 노래
를 주고 받는 형식으로 이루어져 있는데, 코러스는 말의 귀와 꼬리를
단 사티로스들로 이루어져 있으며 코러스를 이끄는 대장은 사티로스
들의 아버지 실레노스이다. 사티로스들은 무대 위에서 춤을 추면서
디오니소스 신을 찬양하고 음탕한 유머로 관객을 웃기면서 비극의 내
용을 풍자하거나 비극 속의 영웅들을 웃음거리로 만든다.

이런 식으로 사티로스극은 비극 공연으로 인한 긴장을 완화시키고
휴식을 취하게 만들어 관객들이 하루 종일 공연되는 세 편의 비극에
온전히 몰입할 수 있도록 해주었다. 현재 온전히 전해지는 사티로스극
으로는 에우리피데스의 〈키클롭스〉가 유일하다.

산가리오스 Sangarios

요약

 그리스 신화에 나오는 프리기아 지방의 강의 신이다.
 그의 딸인 강의 님페 나나는 남녀 양성을 모두 지닌 아그디스티스
의 거세된 남근에서 자란 편도나무의 열매를 가슴에 품어 아티스를
낳았다.

기본정보

구분	강의 신
상징	탄생과 죽음과 부활, 생명의 순환
외국어 표기	그리스어: Σαγγάριος
관련 지명	산가리오스 강
가족관계	오케아노스의 아들, 테티스의 아들, 메토페의 남편

인물관계

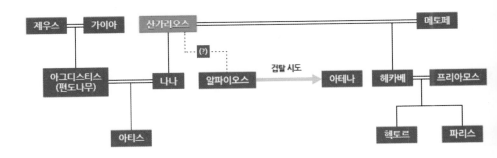

산가리오스는 대양의 신 오케아노스와 테티스의 아들로 하신 라돈의 딸 메토페와 결합하여 헤카베를 낳았다고 한다.

산가리오스의 딸인 강의 님페 나나는 남녀 양성을 모두 지닌 아그디스티스로부터 씨를 받아 아티스를 낳았다.

신화이야기

개요

산가리오스는 대부분의 강들이 그렇듯 대양의 신 오케아노스와 테티스의 아들로 간주된다. 그는 강의 신 라돈의 딸 메토페와 관계하여 나중에 트로이 왕 프리아모스의 아내가 되는 헤카베를 낳았다고도 하고, 아테나 여신에게 피리 부는 법을 가르쳐 주었다는 알파이오스의 아버지로 알려져 있기도 하다.

알파이오스는 제자인 아테나를 겁탈하려다 제우스에게 벼락을 맞았다고 한다. 하지만 무엇보다도 산가리오스는 딸인 강의 님페 나나를 통해 아티스의 신화에 등장하여 이름을 알렸다.

아티스의 신화

프리기아 전설에 따르면 나나는 편도나무 씨앗을 가슴에 품었다가 임신하여 아티스를 낳게 된다. 그런데 이 편도나무는 양성을 모두 지닌 정령(데몬)인 아그디스티스의 거세된 남근에서 흐른 피가 땅에 떨어져서 자라난 나무였다.

아그디스티스는 제우스가 프리기아 지방에서 잠을 잘 때 흘러나온 정액이 땅에 스며들어 태어났는데 양성을 모두 지니고 있어 이를 두렵게 여긴 올림포스의 신들이 그의 남근을 잘라버렸다. 아그디스티스의 피를 받아 생겨난 편도나무는 빠르게 성장하여 금방 열매를 맺었다.

그러자 강의 신(河神) 산가리오스의 딸 나나가 열매 하나를 따서 가슴에 품었고 얼마 뒤 임신을 했다. 딸의 '발칙한 행동'에 분노한 산가리오스는 나나를 가두어두고 굶겨 죽이려 했다. 하지만 남근이 거세되고 여성이 되어 대모지신 키벨레라는 이름을 얻은 아그디스티스는 그녀에게 신들의 음식과 과일을 주면서 무사히 아티스를 낳을 수 있게 해주었다. 산가리오스는 나나가 낳은 외손자 아티스를 곧바로 들판에 내다버렸고 아티스는 숫염소와 양들의 보살핌을 받으며 자랐다.

아티스는 아름다운 양치기 소년으로 성장했는데 거세를 당하여 여성이 된 아그디스티스가 그만 아티스에게 반하고 말았다.(신화학자들에 따르면 아그디스티스는 거세로 인해 남성성을 잃고 대모지신 키벨레가 되었다고 한다) 하지만 아티스의 양부모는 그를 페시누스의 왕 미노스의 딸과 결혼시키려 했다. 그러자 질투심에 사로잡힌 아그디스티스(혹은 키벨레)가 아티스의 결혼식장에 나타나 그를 미치광이로 만들어 버렸고 정신을 잃은 아티스는 전나무 아래서 스스로 거세를 하고는 그 고통을 이기지 못해 죽고 말았다.(혹은 아티스가 죽어서 전나무로 소생했다고도 한다)

아티스의 잘린 남근에서 흐른 피에서는 제비꽃이 피어나서 전나무 둘레를 둥그렇게 감쌌다. 아그디스티스는 자기 행동을 후회하면서 제우스에게 아티스의 시신이 썩지 않게 해달라고 간청했다. 제우스는 아그디스티스의 청을 받아들여 아티스의 몸이 썩지 않게 하였고 머리카락이 계속 자라고 새끼손가락도 계속 움직일 수 있게 해주었다.

아티스의 신화는 대지에 씨앗이 뿌려져 거기서 생명이 자라나고 다시 죽어 씨앗이 되는 자연의 순환 과정을 상징하는 것으로 해석된다.

살라미스 Salamis

요약

그리스 신화에 등장하는 강의 신 아소포스의 딸이다.

포세이돈에 의해 아티카 연안의 한 섬으로 납치당해 그의 아들 키크레우스를 낳았다. 키크레우스는 그 섬에 왕국을 건설하고 어머니의 이름을 붙여 살라미스라는 이름을 붙였다.

기본정보

구분	님페
외국어 표기	그리스어: Σαλαμίς
관련 지명	살라미스 섬
가족관계	아소포스의 딸, 포세이돈의 아내, 키크레우스의 어머니

인물관계

살라미스는 강의 신 아소포스와 메토페 사이에서 난 딸로 아이기나, 테베, 클레오네, 시노페, 페이레네, 테스피아, 칼키스 등과 자매지간이다. 아소포스와 메토페 사이에서는 두 명의 아들 이스메노스와 펠라스고스도 태어났다.

살라미스는 포세이돈과 사이에서 아들 키크레우스를 낳았다. 키크레우스는 님페 스틸베와 결혼하였으나 뒤를 이을 아들이 없었기 때문에 살라미스의 왕위는 증손자 혹은 사위인 텔라몬에게 넘어갔다.

라돈

아소포스 ══ 메토페

이스메노스 | 아이기나 | 클레오네 | 페이레네 | 칼키스 | 살라미스 ══ 포세이돈

펠라스고스 | 테베 | 시노페 | 테스피아

키크레우스 ┄ 스틸베

증손자 또는 사위

텔라몬

신화이야기

포세이돈에게 납치된 살라미스

강의 신 아소포스는 또 다른 강의 신 라돈의 딸 메토페와 결혼하여 많은 딸을 낳았는데 살라미스는 그 중 한 명이다. 어느 날 살라미스는 해신 포세이돈에 의해 아티카 연안의 한 섬으로 납치되어 갔다. 그곳에서 그녀는 포세이돈과 정을 통해 키크레우스라는 아들을 낳게 된다.

건장한 청년으로 자라난 키크레우스는 섬의 주민들을 괴롭히는 난폭한 왕뱀을 퇴치한 공로로 왕으로 추대되었다. 그 뒤로 그 섬은 키크레우스의 어머니 이름을 따서 살라미스 섬이라고 불리게 되었다. 하지만 또 다른 이야기에 따르면 살라미스의 왕 키크레우스 자신이 뱀의 형상을 하고 태어난 인물이었다고 한다.(혹은 그의 난폭한 성품 때문에 섬 주민들에게 뱀으로 불렸다고도 한다) 키크레우스는 폭정을 일삼다 에우릴로코스에 의해 섬에서 추방되었으며 그 뒤 엘레우시스로 가서 데메테르 여신을 모시는 사제가 되었다고 한다.('키크레우스' 참조)

살라미스 섬의 수호신

플루타르코스에 의해 전해지는 이야기에 따르면 살라미스에서는 키크레우스를 지역의 수호신으로 숭배하여 신전에 뱀의 형상을 한 키크레우스를 모셔놓고 제사를 지냈다. 아테네인들도 그를 신으로 숭배하였는데 아테네가 페르시아와 살라미스에서 전투를 벌였을 때 키크레우스가 왕뱀의 모습을 하고 나타나 아테네의 승전을 도왔다고 한다.

살라키아 Salacia

요약

로마 신화에 나오는 바다의 여신이다.

해신 넵투누스의 아내로서 바다의 여왕으로 불린다. 잔잔하고 너른 바다를 상징한다.

기본정보

구분	바다의 신
상징	바닷물(짠 물), 탁 트인 바다
어원	소금
그리스 신화	암피트리테
관련 상징	돌고래, 해마, 해조류
가족관계	트리톤의 어머니, 넵투누스의 아내

인물관계

살라키아는 해신 넵투누스와 사이에서 세 자녀를 낳았는데 그 중 하나가 반인반어의 해신 트리톤이다. 그녀와 동일시되는 그리스 신화의 암피트리테는 바다의 노인

네레우스와 오케아니데스(오케아노스의 딸)의 하나인 도리스 사이에서 태어난 딸로 알려져 있다.

신화이야기

개요

바다의 여신 살라키아는 해신 넵투누스의 아내로 잔잔한 물결이 햇살을 받아 반짝이는 온화하고 싱그러운 바다를 뜻한다. 살라키아라는 이름은 소금을 뜻하는 라틴어 '살'에서 유래하였다.

살라키아가 광활하고 먼 바다가 의인화된 여신이라면 그녀와 자주 비교되는 베닐리아(Venilia)는 해안으로 밀려드는 파도가 의인화된 바다의 여신이다.

바다의 아름다움을 상징하는 살라키아는 대개 머리에 해조류로 만든 왕관을 쓰고 넵투누스의 곁에 있거나 돌고래나 해마의 등에 올라탄 모습으로 표현된다.

살라키아는 그리스 신화의 암피트리테와 동일시된다.

암피트리테
프랑수아 드보(Francois Theodore Devaulx), 1866년, 루브르 박물관

넵투누스와 살라키아

넵투누스는 아름다운 바다의 님페 살라키아에게 반해 청혼을 하였지만 살라키아는 처녀성을 간직하기 위해 넵투누스의 청을 거절하였다. 그런데도 넵투누스가 계속해서 구애하며 쫓아오자 살라키아는 지중해 가장 먼 곳에 있는 아틀라스에게로 도망쳐 버렸다.

애가 탄 넵투누스는 바다의 동물들을 모두 동원하여 그녀를 찾게 하였고 마침내 돌고래가 그녀를 찾아냈다. 그뿐만 아니라 돌고래는 살라키아를 열심히 설득하여 넵투누스의 청혼을 받아들이게 한 다음

그녀를 등에 태우고 넵투누스의 궁
으로 귀환하였다. 넵투누스는 돌고래
의 공을 치하하여 하늘의 별자리(돌
고래자리)로 만들어 주었다.('암피트리
테' 참조)

암피트리테
베르네르 판 덴 팔케르트(Werner van
den Valckert), 1619년
코펜하겐 국립미술관

살마키스 **Salmacis**

요약

그리스 신화에 나오는 물의 요정이다.
미소년 헤르마프로디토스에게 반해
신들에게 그와 한 몸이 되게 해달라고
빌어 소원을 이루었다.

살마키스와 한 몸이 된 헤르마프로디
토스는 몸에 남성과 여성을 모두 지닌
양성동체의 남녀추니가 되었다.

님페 살마키스
프랑수아 조제프 보시오(Francois
Joseph Bosio), 1826년,
루브르 박물관

기본정보

구분	님페
상징	한 몸이 되고자 하는 불타는 욕망, 남녀추니
외국어 표기	그리스어: Σαλμακίς
관련 지명	할리카르나소스의 살마키스 연못
관련 신화	헤르마프로디토스
가족관계	제우스의 딸, 헤르마프로디토스의 아내

인물관계

살마키스는 흔히 제우스(혹은 오케아노스)의 딸들로 알려진 물의 님 페 나이아데스 중 한 명으로, 헤르메스와 아프로디테 사이에서 태어 난 미소년 헤르마프로디토스를 사랑하여 그와 말 그대로 한 몸이 되 었다.

신화이야기

미소년 헤르마프로디토스에게 반한 살마키스

살마키스는 카리아 지방에 사는 물의 님페이다. 다른 님페들이 아르 테미스 여신과 함께 사냥을 하고 달리기를 즐기는데 반해서 살마키스 는 부드러운 풀밭에 앉아 꽃을 따거나 몸치장 하는 것을 좋아하였다. 어느 날 그녀는 평소처럼 꽃을 따며 물가를 거닐다가 아름다운 소년 이 다가오는 것을 보고 첫눈에 반해버 렸다. 소년은 헤르메스와 아프로디테 사이에서 태어난 헤르마프로디토스였 는데 열다섯 살이 되자 온 세상을 돌 아다니던 중이었다.

살마키스가 소년에게 다가가 자신과 결혼해 달라며 끌어안고 입을 맞추려 했지만 소년은 일언지하에 거절하고, 그만두지 않으면 물가를 떠나 다른 곳 으로 가겠다고 했다. 그러자 살마키스 는 겁에 질려 자신이 떠나겠다고 말하 고는 가는 척하다가 덤불 뒤에 몸을 웅 크리고 숨었다. 소년은 살마키스가 가 버렸다고 믿고는 옷을 훌훌 벗고 물 속

헤르마프로디토스
미상, 1세기 벽화
나폴리 국립고고학박물관

으로 들어가 헤엄을 치기 시작했다.

헤르마프로디토스와 한 몸이 된 살마키스

이것을 본 살마키스는 신이 나서 "내가 이겼어! 이제 그는 내거야."라고 외치고는 자신도 옷을 모두 벗어 던지고 물 속으로 뛰어들었다. 그녀는 반항하는 소년을 붙들고 억지로 입을 맞추고 가슴을 쓰다듬으며 그의 몸에 꼭 달라붙었다. 그리고는 신들에게 영원히 소년과 한 몸이 되게 해달라고 기도하였다. 신들은 그녀의 기도를 들어주었다.

오비디우스는 살마키스와 헤르마프로디토스의 결합을 다음과 같이 묘사하였다.

"그녀의 기도를 신들이 들어주었어요. 두 몸은 엉클어진 그대로 하나로 결합되어 둘이서 하나의 모습을 가지게 되었던 거에요. 마치 누군가가 나무에서 어린 가지를 접붙이면 두 나무가 자라면서 하나가 되고 함께 성장해가는 것처럼 그렇게 그들의 사지가 엉클어진 채 꼭 껴안고 있으니 그들 둘은 더 이상 둘이 아니라 여자라고도 소년이라고도 할 수 없으며 둘 중 어느 쪽도 아니면서 둘다인 것처럼 보이는 한 몸이 되었지요." (오비디우스, 『변신이야기』)

이렇게 해서 헤르마프로디토스는 남녀 양성을 모두 한 몸에 지닌 남녀추니가 되었다. 헤르마프로디토스는 이렇게 변해버린 자신의 모습을 보고는 양친에게 기도하여 이 연못에서 목욕하는 누구나 자기처럼 반쪽 남자가 되게 해달라고 빌었고 헤르메스와 아프로디테는 아들의 기도를 들어주었다.

스트라본에 따르면 고대인들은 할리카르나소스의 살마키스 연못에서 목욕을 하면 실제로 남성의 기능을 잃는다고 믿었다고 한다.

살마키스와 헤르마프로디토스
프랑수아 조제프 나베(Francois Joseph Navez), 1829년, 벨기에 겐트 미술관

살모네우스 Salmoneus

요약

그리스 신화에 나오는 살모네의 왕이다.

불경스럽게 제우스 흉내를 내다 노여움을 사서 제우스의 벼락을 맞고 죽었다.

기본정보

구분	살모네의 왕
상징	불경, 독신, 교만
외국어 표기	그리스어: Σαλμωνεύς
관련 신화	펠리아스, 이아손과 아르고호 원정
가족관계	아이올로스의 아들, 시시포스의 형제, 아타마스의 형제, 티로의 아버지

인물관계

살모네우스는 테살리아 왕 아이올로스와 에나레테의 아들로 최초의 그리스인 헬렌의 후손이며 크레테우스, 시시포스, 아타마스, 데이온 등이 그의 형제들이다. 아레오스의 딸 알키디케와 사이에서 딸 티로를 낳았고 알키디케가 죽은 뒤 시데로와 재혼하였다.

티로는 포세이돈과 사이에서 쌍둥이 아들 펠리아스와 넬레우스를 낳았고 아버지 살모네우스의 형제인 크레테우스와 결혼하여 아이손, 아미타온, 페레스 등 세 아들을 낳았다. 아이손은 아르고호 원정대의 영웅 이아손의 아버지이다.

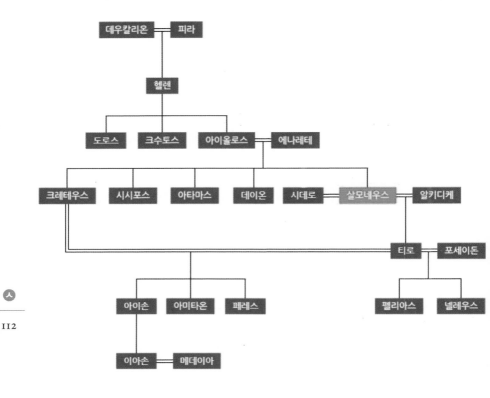

신화이야기

제우스를 모방한 살모네우스

살모네우스는 그의 형제 시시포스에 의해 고향 테살리아에서 쫓겨나 엘리스 지방으로 가서 그곳에 새 도시 살모네를 건설하고 왕이 되었다.

베르길리우스의 『아이네이스』에 따르면 살모네우스 왕은 매우 교만하였다고 한다. 그는 자신이 제우스 못지않게 위대하다고 떠벌리고 다녔고 이를 증명한답시고 쇠바퀴를 단 전차 꽁무니에 쇠구슬을 달고 청동으로 포장한 길을 요란하게 질주하면서 사방에 횃불을 던져 제우스의 천둥과 번개 흉내를 내려 하였다. 그는 또 제우스에게 바쳐져야 할 제물을 자신이 받기도 하였다. 이런 불경한 짓들은 결국 제우스의 분노를 사고야 말았다. 제우스는 진짜 벼락을 내려 살모네우스 왕과 도시를 모두 없애버렸다고 한다.

티로와 시데로

살모네우스 왕에게는 티로라는 이름의 딸이 있었다. 티로는 처녀 시절에 해신 포세이돈의 사랑을 받아 쌍둥이 아들 펠리아스와 넬레우스를 낳았는데 계모 시데로의 학대가 두려워 두 아이를 길에 몰래 내다버렸다.(또 다른 이야기에 따르면 두 아이가 버려진 것은 크레테우스와 결혼하기 위해서였다고 한다) 시데로는 살모네우스 왕이 티로를 낳은 첫 번째 아내 알키디케가 죽은 뒤 재혼한 여자였다.

두 아이는 다행히 지나가던 마부에게 발견되어 그의 자식으로 자랐고 성인이 되어 사실을 알고 난 뒤에 어머니 티로를 찾아가 그때까지

살모네우스
아티카 적색상도기, 기원전 5세기, 시카고 미술관
: 살모네우스(가운데)가 칼과 벼락을 휘두르며 사슬을 끊으려 한다. 그의 왼쪽은 전령의 신 이리스, 오른쪽은 아내이다.

도 그녀를 괴롭히던 시데로를 죽였다. 이때 시데로는 보복이 두려워 헤라의 신전으로 숨었는데 펠리아스는 신전 안에까지 들어가 시데로를 살해하였다. 이 일로 펠리아스는 헤라 여신의 미움을 사게 된다.

그 후 펠리아스는 티로가 이올코스의 왕 크레테우스와 결혼하여 낳은 아들 아이손을 내쫓고 이올코스의 왕이 되지만 아이손의 아들 이아손과 그의 아내 메데이아에 의해 비참한 최후를 맞게 된다.('펠리아스', '이아손' 참조)

티로와 시시포스

또 다른 이야기에 따르면 티로는 포세이돈의 자식을 낳기 전에 시시포스와 먼저 결혼했었다고 한다. 살모네우스와 시시포스는 형제이지만 원수지간이었다. 시시포스는 티로에게서 얻은 자식이 살모네우스를 죽이게 될 거라는 신탁을 듣고 티로와 결혼한 것이다. 티로는 시시포스와 사이에서 아들을 낳았는데 신탁의 내용을 알게 된 뒤 제 손으로 아이를 죽였다고 한다.

세멜레 Semele

요약

세멜레는 그리스 신화에 나오는 테바이의 왕 카드모스의 딸이다.

제우스의 사랑을 받아 디오니소스를 임신하였으나 이를 질투한 헤라 여신의 꼬임에 빠져 번개의 신 제우스에게 본모습을 보여달라고 했다가 그 강렬한 빛에 불타서 죽었다.

기본정보

구분	공주
상징	무모한 호기심
외국어 표기	그리스어: Σεμέλη
어원	대지, 대지의 거주자
별칭	티오네(Thyone)
관련 신화	디오니소스의 탄생

인물관계

세멜레는 테바이의 건설자 카드모스와 조화의 여신 하르모니아 사이에서 태어난 딸로 아가우에, 이노 등과 자매지간이고 남자형제로는 폴리도로스와 일리리오스가 있다.

제우스와 사이에서 술의 신 디오니소스를 낳았다.

```
                        카드모스 ── 하르모니아
    ┌──────────┬──────────────┬────────┬──────────┬──────────┐
아우토노에   아가우에 ── 에키온   세멜레 ── 제우스   폴리도로스   일리리오스
    │                    │                 │            │
  이노 ── 아타마스    펜테우스         디오니소스     라브다코스
                                                        │
                                                      라이오스
                                                        │
                                                      오이디푸스
```

신화이야기

번갯불에 타 죽은 세멜레

제우스는 아리따운 세멜레를 애인으로 삼기 위해 인간의 모습으로 변신하여 테바이로 갔다. 얼마 후 세멜레는 제우스의 아이를 임신하였고 이 사실을 안 헤라는 질투심에 불타 세멜레의 옛 유모인 베로에로 변신하여 그녀에게 접근하였다.

유모는 세멜레에게 그녀의 애인이 제우스가 아닐 수도 있으니 그의 말이 정말인지 확인해야 한다며 의심을 부

제우스와 세멜레
세바스티아노 리치(Sebastiano Ricci), 1695년
피렌체 우피치 미술관

추겼다. 그러자 세멜레는 인
간으로 변신하고 나타난 제
우스에게 올림포스 주신(主
神)으로서의 본모습을 보여
달라고 졸랐다. 제우스는 이
미 그녀가 원하는 것이면 뭐
든지 들어주겠다고 스틱스
강물에 대고 맹세하였으므
로 세멜레의 요구를 거절할
수가 없었다.('스틱스' 참조) 세

디오니소스의 탄생
아폴리아 적색상도기, 기원전 400년경
타란토 국립 고고학박물관

멜레의 생각을 되돌릴 수 없었던 제우스는 하는 수 없이 천둥과 번개
에 휩싸인 본모습을 드러냈고 세멜레는 그 자리에서 타 죽고 말았다.

디오니소스의 탄생

　세멜레가 제우스의 번갯불에 타 죽을 때 그녀의 몸 속에는 태아 디
오니소스가 들어 있었다. 제우스는 황급히 디오니소스를 그녀의 몸에
서 꺼내 자신의 넓적다리(혹은 궁둥이)에 집어넣고 꿰매어 버렸다.(일설
에는 헤르메스가 디오니소스를 꺼내서 제우스의 넓적다리에 넣었다고도 한다)
디오니소스는 그렇게 아버지의 넓적다리 안에서 산달을 모두 채우고
신으로 태어났다.

　한편 세멜레의 시신은 카드모스의 궁을 모두 태워버렸고 그녀의 무
덤에서는 그 뒤로도 오랫동안 연기가 피어올랐다. 하지만 세멜레가 살
아있을 때도 제우스가 자신의 애인이라는 그녀의 말을 믿지 않았던
자매들은 세멜레의 죽음도 제우스에 대한 거짓말을 늘어놓다가 벼락
을 맞아 죽은 거라고 모함하였다. 그리고 디오니소스의 신성도 받아
들이려 하지 않았다. 이 때문에 그녀들은 벌을 받아 훗날 자식을 모
두 비참하게 잃게 된다.

디오니소스의 탄생
모자이크화, 4세기
©George M. Groutas@Wikimedia(CC BY-SA)

어른이 된 디오니소스는 저승으로 내려가 어머니를 데려온 다음 제
우스에게 부탁하여 그녀에게도 신성을 부여하게 하였다. 올림포스에
올라 신의 반열에 든 세멜레는 티오네라고 불리었다.

세이레네스 Seirens, Siren, Sirens

요약

그리스 신화에 나오는 반은 여자이고 반은 새인 바다의 마녀이다.

바닷가 외딴 섬에 살면서 매혹적인 노래를 불러 근처를 지나는 배들을 좌초시켰다. 트로이 전쟁을 끝내고 귀향하는 오디세우스를 유혹하는 데 실패한 뒤 분을 이기지 못하고 바다에 뛰어들어 스스로 목숨을 끊었다.

기본정보

구분	괴물
상징	치명적인 유혹
외국어 표기	그리스어: Σειρῆνες.
어원	휘감는 자, 옴짝달싹 못하게 얽어매는 자
별칭	사이렌스(Sirens). 단수형: 사이렌(Siren)
관련 신화	오디세우스의 귀향, 아르고호 원정대
가족관계	아켈로오스의 딸, 테르프시코레의 딸, 포르키스의 딸

인물관계

세이레네스는 강의 신 아켈로오스가 무사이 중 하나인 테르프시코레(혹은 멜포메네 혹은 칼리오페)와 사이에서 낳은 딸들이라고도 하고, 아켈로오스가

헤라클레스에게 상처를 입었을 때 흘린 피에서 태어났다고도 한다. 해신 포르키스가 아버지라는 이야기도 있다.

신화이야기

세이레네스의 이름

세이레네스는 전승에 따라 이름과 수가 달라진다. 세이레네스에 관해서 언급된 가장 오래된 문헌인 호메로스의 『오디세이아』에서는 각각의 이름이 언급되지는 않았지만 그 수가 두 명이라고 했고, 후대 전승에서는 대부분 세 명 혹은 네 명으로 언급하면서 다양한 뜻을 지닌 이름들이 주어졌다. 고대의 문헌들에 거론된 세이레네스의 이름들은 다음과 같다.

세이렌
기원전 330년경, 아테네국립고고학박물관
©Codex@wikimedia(CC BY-SA-3.0)

아글라오포노스(아름다운 소리), 아글라오페(아름다운 음성), 아글라오페메(달콤한 말), 히메로파(다정한 음성), 레우코시아(하얀 여인), 리게이아(밝은 울림), 파르테노페(소녀의 음성), 페이시노에(설득하는 자), 몰페(노래하는 여인), 텔크시오페(매력적인 음성), 텔크시노에(정신을 매혹시키는 자), 텔크시에페이아(매혹적인 존재).

세이레네스와 아르고호 원정대

세이레네스는 바닷가의 외딴 섬에 살면서 아름다운 노래로 근처를 지나는 뱃사람들을 유혹했다고 한다. 뱃사람들은 세이레네스의 아름다운 노래에 정신이 팔려 섬에 가까이 다가가다가 암초에 부딪쳐 물에 빠져 죽거나 그녀들에게 잡아먹혔다. 그리스 신화에서 세이레네스의 섬을 무사히 지나간 배는 이아손의 아르고호와 오디세우스의 배뿐이었다.

이아손과 아르고호 원정대는 음악의 명인 오르페우스가 리라를 연주하며 노래를 불러 세이레네스가 부르는 노래의 위력을 약화시킨 덕에 무사히 세이레네스의 섬을 지날 수 있었다. 단 한 사람 부테스만이 세이레네스의 노래를 더 가까이서 듣겠다고 바다로 뛰어들었다. 하지만 부테스는 아프로디테 여신이 사랑하는 남자였다. 아프로디테는 물에 빠진 부테스를 구해 시칠리아로 데려가서 사랑을 나누어 아들 에릭스를 낳았다.

세이렌
에드워드 아미티지(Edward Armitage), 1888년, 영국 리즈 미술관

세이레네스의 유혹을 이겨낸 오디세우스

오디세우스는 트로이 전쟁을 끝내고 고향 이타카로 돌아가는 길에 세이레네스의 섬을 지나게 된다. 그는 이미 마녀 키르케로부터 세이레네스가 부르는 노래의 치명적인 위험에 대해 들었기 때문에 부하들에게 밀랍으로 귀를 막고 노를 젓게 하였다. 하지만 자기 자신은 그녀들의 노래를 들어보기 위해 돛대에 몸을 묶고 귀를 막지 않은 채로 세이레네스의 섬에 접근하였다.

세이레네스는 오디세우스가 자신들의 노래에 유혹되지 않고 무사히 지나쳐 가자 치욕스러운 마음에 분을 이기지 못하고 바다로 뛰어들어 스스로 목숨을 끊었다고 한다.

오디세우스와 세이레네스
아티카 적색상 도기, 기원전 480년경, 영국 박물관

전승에 따르면 세이레네스 중 하나인 레우코시아는 바다에 떨어져 바위로 변했는데 그 뒤로 사람들이 그 섬을 그녀의 이름을 따서 레우코시아(오늘날의 리코사)라고 불렀다고 한다.('레우코시아' 참조) 또 다른 세이레네스인 파르테노페는 나폴리 연안으로 흘러가서 그곳에 묻힌 뒤 나폴리의 수호신이 되었다. 사람들이 나폴리를 파르테노페라고 부르기도 하는 것은 그 때문이다.('파르테노페' 참조)

세이레네스가 새로 변한 이유

오비디우스는 『변신이야기』에서 세이레네스가 반은 인간 반은 새의 모습을 하게 된 연유를 말해주고 있다. 그에 따르면 세이레네스 자매는 원래 다른 소녀들과 같은 모습으로 페르세포네의 동무들이었다고 한다. 그런데 페르세포네가 하계의 신 플루톤(그리스 신화의 하데스)에게 납치되어 사라져 버리자 세이레네스는 친구를 찾아 온 세상을 두루 돌아다닐 수 있도록 날개를 달라고 간청하였고 신들은 그들의 청을 들어주었다는 것이다.

하지만 정반대의 이야기도 있다. 그에 따르면 페르세포네가 납치될 때 세이레네스 자매는 곁에 있으면서도 아무런 도

세이레네스
존 윌리엄 워터하우스(John William Waterhouse),
1900년경

움도 주지 않고 그냥 지켜보기만 했다고 한다. 그래서 분노한 데메테르 여신이 그들을 반인반조(伴人伴鳥)의 추한 괴물로 만들어 버렸다는 것이다. 또 세이레네스 자매들이 추한 모습으로 바뀌게 된 이유가 사랑의 기쁨을 얕잡아 보다가 아프로디테 여신에게 벌을 받아서 그렇게 되었다는 이야기도 있다.

세이레네스의 모습은 대체로 괴조 하르피이아이와 비슷하게 묘사된다.('하르피이아이' 참조)

셀레네 Selene

요약

달의 여신이다.

미소년 엔디미온을 사랑하여 제우스에게 엔디미온이 영원한 젊음과 아름다움을 간직할 수 있도록 영원한 잠에 빠지게 해달라고 간청했다. 제우스는 그 소원을 들어주었고 셀레네는 영원히 잠들어있는 엔디미온과의 사이에 50명의 딸을 낳았다.

기본정보

구분	개념이 의인화된 신
상징	초승달
외국어 표기	그리스어: Σελήνη
어원	광채
로마 신화	루나
관련 신화	엔디미온
가족관계	히페리온의 딸, 제우스의 아내, 헬리오스의 남매, 에오스의 남매

인물관계

티탄 신족인 히페리온과 테이아 사이에서 태어난 딸이다. 태양의 신 헬리오스 및 새벽의 여신 에오스와 남매지간이다.

우라노스 — 가이아

헤카톤케이레스
- 코토스
- 브리아레오스
- 기게스

키클로페스

티탄 12신
- 히페리온
- 테이아
- 외 10신

헬리오스　에오스　제우스 — 셀레네 — 엔디미온

헤르세　판디아　50명의 딸

신화이야기

개요

　셀레네는 달의 여신으로 달을 의인화한 것이다. 『신들의 계보』에 의하면 티탄 신족인 히페리온과 테이아 사이에서 태어난 딸로 대개의 경우 이마에 초승달을 달고 있는 모습으로 나타난다. 그녀는 젊고 아름다운 여인으로 두 마리의 말이 끄는 빛나는 마차를 타고 하늘을 달리는 모습으로 그려진다.

　그녀는 아름다운 용모만큼이나 사랑의 이야기로 유명하다. 가장 잘 알려진 이야기는 엔디미온과의 사랑이야기다.

　셀레네는 엔디미온을 처음 본 순간 그를 사랑하게 되었고 이에 제우스에게 엔디미온의 아름다움과 젊음을 영원히 간직할 수 있도록 그를 영원히 잠들어있게 해달라고 간청했다. 셀레네의 소원대로 엔디미온은 라트모스 동굴에서 영원한 잠에 빠지게 되었다.

셀레네와 엔디미온
세바스티아노 리치(Sebastiano Ricci), 1713년경
런던 치즈윅 하우스

셀레네는 밤마다 엔디미온이 잠들어 있는 동굴로 찾아와 그와 함께 지냈고 엔디미온과의 사이에 50명의 딸을 낳았다.

아폴로니오스 로도스가 쓴 『아르고호 이야기』에는 밤마다 엔디미온이 잠들어 있는 동굴로 달려가는 셀레네가 연인 이아손에 대한 사랑 때문에 부모의 집에서 미친 듯 달아나는 메데이아를 보고 자신의 심정을 표현하는 장면이 나온다.

"티탄 여신 달님은 먼 곳에서 막 떠오르며 메데이아가 정신없이 뛰어가는 모습을 보고는 한껏 기뻐하며 마음 속으로 말했다. '나만 뜨거운 사랑에 빠진 것이 아니구나. 나만 라트모스 동굴을 향해 달려가는 것처럼 그렇게 달려가는 것은 아니구나. 나만 아름다운 엔디미온에게 느끼는 그런 뜨거운 사랑을 느끼는 것이 아니구나. (중략) 어떤 고통스런 신이 너에게 이아손을 준 것은 바로 고통을 주기 위해서지! 그러나 그 길을 가라. 그리고 견디어내라. 네가 비록 현명해도 슬픔 가득한 고통을 안고서.'"

셀레네는 제우스와의 사이에서도 헤르세와 판디아를 낳았다. 그리고 아름다운 양털을 주며 유혹한 판과 사랑을 나누고 흰 소들을 선물로 받았다.

아르테미스와 셀레네

사냥의 여신 아르테미스가 달과 관련되어 이야기되면서 셀레네는 나중에 아르테미스 여신과 동일시되었다. 아르테미스도 예술 작품 속에서 종종 이마에 달을 이고 있는 모습으로 나타난다. 아래에 나오는 그림은 제목이 '디아나(아르테미스의 로마식 이름)와 엔디미온'으로 되어 있다. 이렇듯 아르테미스가 셀레네를 대신하면서 셀레네는 신화 작가의 관심에서 벗어나게 되었다.

디아나와 엔디미온
피에르 서브레이라스(Pierre Subleyras), 1740년, 런던 내셔널갤러리

『비블리오테케』가 전하는 셀레네와 엔디미온 이야기

『비블리오테케』는 셀레네와 엔디미온의 사랑에 대해 다른 이야기를 전한다. 『비블리오테케』는 셀레네가 첫눈에 반한 엔디미온에 대해 다음과 같이 언급하고 있다.

"그는 전해지는 한 이야기에 의하면 제우스의 아들이라고 한다. 그는 수려한 미남이고 이에 달의 여신 셀레네가 그에게 반해 제우스가 그에게 바라는 것을 선택할 수 있도록 해주었다. 그러자 엔디미온이 죽음도 나이도 모른 채 영원히 잠들게 해달라고 청했다."

이처럼 『비블리오테케』에는 소원을 들어주겠다는 제우스에게 엔디미온이 직접 자신의 아름다움과 젊음을 영원히 간직하기 위해 영원한 잠을 청한 것으로 전한다.

솔 Sol

요약

로마 신화에 나오는 태양신이다.

로마의 토착신 중 한 명이지만 별로 주목받지 못하던 태양신 솔은 제정 시대에 들어 황제의 수호자로 간주되면서 로마 제국의 주신으로 각광받았다. 제정 시대의 태양신은 '무적의 태양신(솔 인빅투스)'이란 명칭으로 불리며 '토착신 솔(솔 인디게스)'과 구별되었다.

기본정보

구분	천계의 신
상징	황제의 수호자, 로마제국의 주신
어원	태양, 태양의(solar)
그리스 신화	헬리오스
별칭	솔 인디게스, 솔 인빅투스

신화이야기

솔 인디게스

고대 로마의 토착신이다. 제정 로마 시대인 2세기 무렵부터 '솔 인빅투스(Sol invictus)' 즉 무적의 태양신으로서 솔은 로마의 주신 반열에 올랐다. 솔은 그리스 신화의 헬리오스와 동일시된다. 솔은 헬리오스와 이미지나 표현 방식이 거의 동일하지만 그리스 신화에서 넘어온 신이 아니라 로마의 토착신이다.

로마에서는 공화정 시대부터 이미 태양신 숭배가 행해진 기록이 있는데 그 기원은 로물루스가 로마를 건설하던 시기로 거슬러 올라간다. 당시 로물루스와 함께 로마를 공동으로 통치했던 사비니족의 전설적인 왕 티투스 타티우스가 태양신 숭배를 로마로 들여왔다고 한다. 이 태양신은 '솔 인디게스(Sol indiges)' 즉 토착 태양신이라고 불리는 신으로 솔 인빅투스와 구별된다.

로마의 토착 태양신 솔 인디게스는 대개 달의 여신 루나와 함께 숭배되었다. 솔 인디게스와 루나는 공동의 신전을 사용하고 축일도 8월 28일로 똑같은 등 아주 밀접하게 결합되어 있었다. 그밖에도 솔 인디게스는 퀴리날레 언덕에 자신만의 신전을 가지고 있었는데 이곳에서는 8월 8일과 9일에 태양신에 대한 제례가 거행되었다. 하지만 솔 인디게스는 로마의 신들 중 별로 주목받지 못하는 신에 속했으며 로마신화에서도 별로 중요한 역할을 하지 못했다. 이는 헬리오스가 그리스신화에서 별다른 역할을 하지 못한 것과 비슷하다.

태양신 숭배가 로마인들의 관심을 끌기 시작한 것은 공화정 시대 말기에 들어서였다.

솔 인빅투스

태양은 밝은 빛으로 모든 것을 환히 드러내기 때문에 태양신 앞에서는 아무 것도 감출 수 없다고 여겨졌다. 그리스 신화에서 헬리오스는 모든 것을 환히 들여다보는 존재로서 흔히 은밀한 범행의 목격자 역할로 등장할 때가 많다. 태양신의 이와 같은 특징은 솔에게도 부여되었다.

1세기 무렵부터 태양신 솔에게는 로마 황제를 외부의 위협으로부터 보호하는 새롭고 중요한 역할이 주어졌다. 네로 황제는 자신에 대한 암살 기도(피소 음모 사건)가 발각되었을 때 이를 태양신 솔의 도움으로 여겨 성대한 감사의 제례를 올렸다.

또 베스파시아누스 황제는 서기 75년에 솔에게 거대한 신상을 봉헌하였다. 이로써 솔은 로마의 통치자를 보호하는 수호신이 되었다. 트라야누스 황제와 하드리아누스 황제 치세에는 솔의 초상이 새겨진 동전도 발행되었다. '무적의 태양신(솔 인빅투스)'이라는 명칭은 158년에 처음으로 태양신의 제단에 새겨졌다 (Soli Invicto Deo).

3세기에 들어서 아우렐리우스 황제는 솔을 '로마 제국의 주신 (Dominus Imperii Romani)'으로

솔 인빅투스로 묘사된 그리스도
로마 시대 모자이크, 3~4세기, 성베드로대성당

공표하고 국가적인 숭배의식을 거행하였다. 그는 또 마르스 광장에 솔의 신전을 건립하고 4년마다 한 번씩 그를 기리는 제전을 개최하였다. 솔을 모시는 사제는 로마의 귀족 가문 출신이어야 했으며 솔의 탄신일인 12월 25일은 제국 전체의 축일로 기념하였다.

12월 25일

솔 인빅투스의 탄신일로 정해진 12월 25일은 율리우스 카이사르가 새로 개정한 로마력인 율리우스력에서 1년 중 가장 해가 짧은 날로 규정된 날이다. 바꾸어 말하면 이날부터 해가 다시 힘을 얻기 시작한다고 여겨졌다. 아우렐리우스 황제는 빛의 위력이 되살아나는 이 날을 태양신이 태어난 날로 삼아 국가적인 축일로 제정하였다. 학자들은 훗날 기독교의 예수 탄신일이 12월 25일로 정해진 것도 솔 인빅투스의 축일과 무관하지 않은 것으로 보고 있다.

스카만드로스 Scamandros

요약

그리스 신화에 등장하는 강의 신이다.

트로이 전쟁 때 트로이군의 편을 들어 홍수를 일으켜 아킬레우스를 공격하다가 헤라 여신이 아들인 불의 신 헤파이스토스를 보내 불로 강물을 말려버리는 바람에 항복하였다.

기본정보

구분	강의 신
상징	스카만드로스 강
외국어 표기	그리스어: Σκάμανδρος
별칭	스카만더(Scamander), 스카만데르(Scamander)
관련 신화	트로이 건국, 트로이 전쟁
가족관계	제우스의 아들, 오케아노스의 아들, 테티스의 아들

인물관계

『신들의 계보』에 따르면 스카만드로스는 대양의 신 오케아노스와 테티스 사이에서 태어난 아들이지만, 호메로스는 『일리아스』에서 그를 제우스의 아들이라고 했다.

스카만드로스는 이데 산의 님페 이다이아와 결혼하여 아들 테우크로스와 딸 칼리로에를 낳았다. 테우크로스는 나중에 딸 바티에이아를 다르다노스와 결혼시켜 트로이 왕가의 시조가 되었다.

또는 제우스

오케아노스 —— 테티스

스카만드로스 —— 이다이아

칼리로에　　　테우크로스　　　제우스

바티에이아 —— 다르다노스

에리크토니오스

트로스

일로스

라오메돈　　　테미스테 —— 카피스

프리아모스　　　안키세스

헥토르　　　아이네이아스

133

신화이야기

트로이 전쟁

스카만드로스는 트로아스 들판을 흐르는 강이다. 호메로스에 따르면 인간들은 이 강을 스카만드로스라고 부르고 신들은 크산토스라고 부른다고 하였다. 크산토스는 붉은 빛의 강이라는 뜻이다.

스카만드로스는 또한 제우스(혹은 오케아노스)의 아들로 스카만드로스 강의 신이기도 하다.

트로이 전쟁이 벌어졌을 때 신들은 제각각 그리스군이나 트로이군의 편을 들었는데 트로이 지방을 흐르는 강의 신 스카만드로스는 트로이군의 편을 들었다. 그는 아킬레우스가 사랑하는 친구 파트로클로스가 죽은 뒤 분노하여 스카만드로스 강에서 트로이군을 도륙할 때 그에게 인간의 모습으로 나타나 강물이 시체로 온통 채워져 숨을 쉴 수 없는 지경이니 들판으로 나가서 싸우라고 하였다. 하지만 아킬레우스가 이에 아랑곳하지 않고 계속 트로이 병사들을 죽이자 화가 난 스카만드로스가 커다란 홍수를 일으켜 아킬레우스를 익사시키려 하였다. 이에 아킬레우스가 깜짝 놀라 들판으로 물러났지만 스카만드로스의 강물은 계속 아킬레우스를 뒤쫓으며 삼켜버리려 하였다.

그리스군을 돕는 포세이돈과 아테나가 막아보려 했으나 스카만드로스는 형제인 하신 시모에이스에게도 도움을 청하면서 공격을 멈추려 하지 않았다.

싸움은 결국 헤라 여신이 아들 헤파이스토스를 시켜서 불로 강물을 말려버리게 함으로써 끝이 났다. 스카만드로스가 화염의 열기를 견디지 못하고 더 이상 트로이군을 돕지 않겠다며 항복하였던 것이다.

또 다른 신화

다른 전승에 따르면 스카만드로스는 원래 크레타의 왕이었다. 그는

스카만드로스, 아킬레우스, 시모에이스
프레스코화, 오귀스트 쿠데(Auguste Couder), 1819년, 루브르 박물관

나라에 큰 기근이 들자 주민들을 이끌고 섬을 떠나야 했는데 아폴론 의 신탁에 어디로 가야 할지를 묻자 신탁이 '땅의 자식들'로부터 공격 을 받은 곳에 정착하라는 답을 주었다. 스카만드로스 일행이 프리기 아의 트로아스 지방에 도착했을 때 밤사이 생쥐들이 그들의 가죽 무 구와 활줄을 쏠아버린 일이 발생했는데 스카만드로스는 이것이 신탁 이 예언한 사건이라고 여겨 그곳에 아폴론 신전(아폴론 스민테우스: 쥐 떼의 아폴론)을 짓고 정착하였다.

그 후에 스카만드로스 왕은 이웃 지역의 원주민 베브리케스인들과 전쟁을 하던 중 크산토스 강물에 빠져 자취를 감추었다. 크레타인들 은 왕이 강의 신(河神)이 되었다고 믿고 그 강에 왕의 이름을 붙여 스 카만드로스 강이라고 불렀다. 스카만드로스가 사라진 뒤 트로아스 지방은 그의 아들 테우크로스가 다스렸다.

스키론 Sciron

요약

그리스 신화에서 영웅 테세우스가 코린토스 지협을 따라 아테네로 가면서 무찌른 악당 중 한 명이다.

그는 메가라 근처의 길목에서 지나가는 나그네를 붙잡아 자기 발을 씻기게 하고 나그네가 발을 씻으려고 몸을 숙이면 발로 차서 절벽 아래로 떨어뜨려 죽였다. 테세우스는 그를 똑같은 방식으로 죽였다.

기본정보

구분	신화 속 인물
상징	노상강도
외국어 표기	그리스어: Σκίρων
관련 신화	테세우스의 모험

인물관계

스키론은 포세이돈(혹은 아테네 왕 필라스 혹은 카네토스와 헤니오케)의 아들로 키크레우스의 딸 카리클로와 결혼하여 딸 엔데이스를 낳았다. 엔데이스는 아이기나의 왕 아이아코스와 결혼하여 펠레우스와 텔라몬을 낳았다.

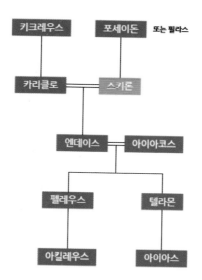

신화이야기

테세우스의 모험

스키론은 테세우스가 아버지를 찾아 아테네로 가는 모험에 등장하는 악당이다. 테세우스는 아테네의 왕 아이게우스가 신탁의 의미를 물으러 트로이젠의 예언자 피테우스를 찾아갔을 때 그의 딸 아이트라와 동침하여 낳은 아들이다. 아이게우스는 아이트라가 임신한 것을 알고는 커다란 바위가 있는 곳으로 데려가 바위를 들어 올리고 그 밑에 칼과 신발을 넣은 다음 아이가 바위를 들어 올릴 수 있을 만큼 자라면 아테네로 보내라고 말하고 트로이젠을 떠났다.

테세우스는 열여섯 살 때 벌써 바위를 들어 올려 그 밑에 있던 칼과 신발을 꺼내들고 아버지에게로 떠났다. 이때 테세우스는 헤라클레스와 같은 업적을 쌓으려는 야심을 품고 손쉬운 바닷길 대신 온갖 괴물과 악당들이 들끓는 육로를 선택했다.

코린토스 지협의 악당 스키론

스키론은 포세이돈의 아들로 메가라에서 아테네로 가는 해안의 벼랑길에 살던 포악한 강도이다. 그는 지나가는 행인을 붙잡아 돈과 물건을 빼앗은 다음 자신의 발을 씻기게 하고는 그 사람이 발을 씻어주려고 몸을 숙이면 걷어차서 벼랑 아래로 떨어뜨렸다. 그러면 커다란 바다거북이 바닷물에 떨어진 사람을 잡아먹었다. 테

스키론을 물리치는 테세우스
아티카 적색상도기, 기원전 500년경
루브르 박물관

세우스는 스키론을 똑같은 방식으로 바다거북의 밥으로 만들었다.

오비디우스는 『변신이야기』에서 이 날강도의 뼈다귀들에게는 대지도 바다도 안식처를 거절하였다고 말하였다. 오랜 세월 이리저리 내동댕이쳐지던 스키론의 뼈는 점점 굳어져 메가라 해안의 바위가 되었는데 이 바위에는 그의 이름을 따서 '스키론의 바위'라는 이름이 붙여졌다고 한다.

메가라의 장군 스키론

메가라에 전해지는 이야기는 조금 다르다 그에 따르면 스키론은 강도가 아니라 메가라의 장군이었다고 한다. 그는 메가라 왕 필라스의 아들이었는데 판디온의 아들 니소스가 메가라의 왕위에 오르자 그와 왕권을 놓고 갈등을 빚었다. 아테네의 왕 판디온은 메티온의 아들들에게 쫓겨나 메가라로 망명을 온 뒤 필라스의 딸 필리아와 결혼하여 니소스 등 여러 명의 아들을 낳았는데 필라스가 죽은 뒤 니소스가 메가라의 왕위에 올랐던 것이다.

왕권 다툼의 두 당사자는 결국 아이기나의 왕 아이아코스에게 중재

를 부탁했고 아이아코스는 권력을 양분하여 니소스에게 왕권을 주고 스키론에게는 병권을 주었다. 스키론은 아이아코스의 중재를 받아들인 뒤 감사의 뜻으로 그에게 자신의 딸 엔데이스를 아내로 주었다. 아이아코스와 엔데이스 사이에서는 트로이 전쟁의 영웅 아킬레우스와 아이아스의 아버지인 펠레우스와 텔라몬이 태어났다.

테세우스의 사촌 스키론

스키론의 신화에 관해서는 또 다른 이야기도 있다. 그에 따르면 스키론은 피테우스의 딸인 헤니오케와 카네토스 사이에서 태어난 아들이며 마찬가지로 피테우스의 딸 아이트라가 낳은 테세우스와는 사촌간이다. 그리고 테세우스는 아테네로 입성하는 길에 스키론을 죽인 것이 아니라 아테네의 왕이 되고 나서 엘레우시스로 원정을 떠난 길에 그를 죽였다고 한다. 테세우스가 스키론을 기리는 이스트미아 제전을 창설한 것은 그를 죽인 것에 대한 속죄의 의미였다고 한다. 그래서 메가라의 역사가들은 스키론이 강도로 등장하는 신화를 그에 대한 중상모략이라고 비판하였다.

스키테스 Scythes

요약

그리스 신화에 등장하는 스키티아의 왕이다.

모든 괴물들의 어머니로 불리는 반인반수의 괴물 에키드나와 영웅 헤라클레스 사이에 태어난 아들로, 기마 민족인 스키타이족의 전설적인 조상이다.

기본정보

구분	스키티아의 왕
외국어 표기	그리스어: Σκύθης
관련 신화	헤라클레스와 에키드나
가족관계	헤라클레스의 아들, 에키드나의 아들

인물관계

스키테스는 영웅 헤라클레스와 에키드나 사이에서 태어난 세 아들 중 한 명이다. 나머지 두 아들의 이름은 겔로노스와 아가르티르소스이다. 하지만 고대의 역사학자 디오도로스 시켈로스는 스키테스를 제우스의 아들이라고 기록하고 있다.

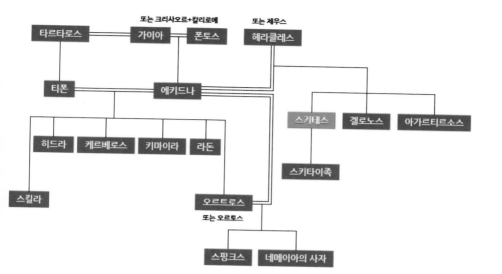

신화이야기

헤라클레스와 에키드나

흑해 북부 스키티아 지방에 전해지는 신화에서 스키티아인들의 전설적인 조상 스키테스는 상반신은 아름다운 여인이고 하반신은 거대한 뱀인 괴물 에키드나가 헤라클레스를 유혹하여 낳은 아들로 묘사된다.

그에 따르면 헤라클레스는 머리와 몸이 세 개씩인 괴물 게리온의 소떼를 훔쳐 돌아가는 길에 흑해 연안의 숲에서 잠이 들었는데 일어나보니 소들이 사라지고 없었다. 소를 훔쳐간 이는 그 지역을 지배하는 '스키티아의 괴물' 에키드나였다. 소떼를 찾아 나선 헤라클레스는 동굴에서 에키드나와 마주쳤는데 에키드나가 자신과 동침하면 소떼를 찾게 해주겠다고 말했다. 헤라클레스는 그녀의 제안을 받아들였고 에키드나는 소떼를 돌려주었다. 헤라클레스는 에키드나와 함께 지내며 세 아들 스키테스, 겔로노스, 아가르티르소스를 낳았다.

헤라클레스의 활과 혁대

　헤라클레스는 미케네의 왕 에우리스테우스가 부과한 12과업을 끝마치기 위해 다시 스키티아를 떠나기로 했다. 길을 떠나는 헤라클레스에게 에키드나는 장차 세 아들을 어떻게 키울지 물었다. 헤라클레스는 갖고 있던 두 개의 활 중 하나와 금으로 장식된 혁대를 풀어 주면서, 자신의 활을 당겨 시위를 걸 수 있는 아들에게 금 혁대를 주어 스키티아를 다스리게 하고 다른 아들들은 나라에서 추방하라고 말했다. 세 아들은 자라서 모두 아버지 헤라클레스의 말대로 활에 시위를 걸어보려 했지만 셋 중에서 오직 스키테스만이 성공하였다. 스키테스는 헤라클레스의 뜻대로 그 지역의 지배자가 되었고 겔로노스와 아가르티르소스는 떠나야 했다. 나중에 그곳은 스키테스의 이름을 따서 스키티아라고 불리게 되었다. 러시아 남부 지방에 강력한 나라를 세웠던 기마 민족 스키타이족이 스키테스의 후손이라고 한다.

모든 괴물들의 어머니 에키드나

　헤시오도스가 상체는 "속눈썹을 깜빡이는 볼이 예쁜 소녀"이고 하체는 "신성한 대지의 깊숙한 곳에서 반짝이며 게걸스레 먹어치우는 무섭고 거대한 뱀"이라고 묘사한 에키드나는 제우스와 대결했던 반인반수의 거대한 괴물 티폰과 관계하여 수많은 괴물들을 낳아 "모든 괴물의 어머니"라고 불렸다. 에키드나가 낳은 괴물로는 머리가 둘 달린 개의 형상을 한 괴물 오르트로스, 청동 목소리에 세 개 혹은 쉰 개의 머리와 뱀의 꼬리를 가진 하데스의 개 케르베로스, 아홉 개의 머리를 지닌 레르나의 물뱀 히드라, 눈을 부라리는 사자의 머리와 암염소의 머리와 강력한 용의 머리가 차례로 달려 있는 삼두 괴물 키마이라, 여자의 얼굴과 사자의 몸통과 날개를 가진 괴물 스핑크스, 상체는 처녀이지만 하체는 여섯 마리의 사나운 개가 삼중의 이빨을 드러내고 굶주림에 짖어대는 모습을 한 바다괴물 스킬라 등이 유명하다.

스킬라 Scylla, 공주

요약

그리스 신화에 나오는 공주이다.

자기 나라에 쳐들어 온 적국의 왕 미노스를 흠모하여 아버지를 배신하고 나라를 적의 손에 패망하게 만들었다. 하지만 그녀의 행동을 혐오스럽게 여긴 미노스에 의해 죽임을 당한다.

기본정보

구분	공주
상징	자주색 머리카락: 난공불락
외국어 표기	그리스어: Σκύλλα
관련 동식물	키리스(백로의 일종인 바다새)
관련 신화	크레타 왕 미노스의 아테네 공략

인물관계

스킬라는 메가라의 왕 판디온과 필리아 사이에서 난 네 아들 중 맏이인 니소스 왕의 딸이다.

미노스는 제우스와 에우로페 사이에서 난 아들로 크레타의 왕이다. 미노스 왕의 아들 안드로게오스는 아테네의 왕 아이게우스의 지시로 마라톤 평원에서 횡포를 부리던 크레타의 황소를 퇴치하러 갔다가 소의 뿔에 받혀 죽었고 미노스는 이를 빌미로 아테네와 메가라를 공격했다.

판디온 — 필리아

아이게우스　팔라스　리코스　니소스

테세우스

배신

제우스 — 에우로페

라다만티스　사르페돈

스킬라　　흠모해서 도와줌 →　미노스 — 파시파에
　　　　← 거절, 바다에 던짐

안드로게오스　글라우코스　파이드라

신화이야기

스킬라의 배신

　크레타의 왕 미노스는 아들 안드로게오스를 죽음에 이르게 한 책임을 물어 아테네와 메가라를 습격하였다. 이때 메가라의 왕은 니소스였는데 메가라는 막강한 크레타 군의 포위와 공격에도 반년이 넘도록 함락될 기미를 보이지 않았다. 니소스 왕의 머리에 자라난 자주색 머리카락 한 올 때문이었다. 예언에 따르면 그 머리카락이 니소스 왕의 머리에 붙어 있는 한 메가라는 난공불락이라고 했다.

　그러던 어느 날 니소스 왕의 딸 스킬라 공주가 성벽 위에서 크레타 군의 진지를 내려다 보다가 병사들을 호령하는 크레타의 왕 미노스의 늠름한 모습에 순식간에 마음을 빼앗기고 말았다. 나라가 정복당하는 한이 있어도 미노스 왕의 품에 안기고 싶었던 스킬라는 아버지가 잠든 사이에 예언이 말한 자주색 머리카락을 잘라 버렸고 메가라는 곧 크레타군에게 함락되고 말았다.

새로 변한 스킬라와 니소스

하지만 미노스 왕의 반응은 스킬라에게 청천벽력과도 같았다. 그녀는 자신이 니소스의 자주색 머리카락을 자른 장본인이라고 밝히면 미노스 왕이 당연히 소망을 들어줄 것이라고 기대했지만 왕은 더없이 혐오스러운 표정을 지으며 그녀를 내쳤던 것이다. 미노스는 사랑에 눈이 멀어 아버지와 조국을 배신한 스킬라를 사악한 계집이라고 욕하며 바다에 던져 버리고 아테네를 향해 함대를 출발시켰다. 스킬라는 분노에 몸부림치며 미노스 왕의 배에 필사적으로 달라붙었다. 그러자 어디선가 물수리 한 마리가 나타나서 그녀를 쪼아댔고 그녀는 결국 바다 속으로 떨어지고 말았다. 하지만 이를 불쌍히 여긴 신들이 그녀를 새로 변신시켜 주었다. 그녀는 '키리스'라고 불리는 백로의 일종인 바다새가 되어 미노스 왕의 배 위를 맴돌다 어디론가 날아가 버렸다. 배에 달라붙은 스킬라를 부리로 쪼아댔던 물수리는 그녀의 아버지 니소스 왕이 변한 것이라고 한다. 키리스는 '자르다'는 뜻의 그리스어 '케이로(keiro)'에서 유래한 이름이다.

성벽에서 미노스를 바라보는 스킬라
작자 미상. 17세기경

신화해설

　메가라의 공주 스킬라의 신화는 해상의 패권을 장악한 크레타가 그리스 본토로 세력을 확장해 가는 과정을 보여 준다. 크레타의 왕 미노스는 아들 안드로게오스의 죽음을 빌미로 아테네를 침공하기로 마음먹고 그에 앞서 교두보 격인 메가라를 공격하였다. 이 신화에서 메가라의 통치자 니소스는 아테네의 왕 아이게우스와 형제 사이다. 메가라는 결국 니소스의 딸 스킬라의 배신으로 함락되는데 이때 미노스는 조국을 배반한 스킬라를 처벌함으로써 공명정대한 군주로서의 위상을 또다시 과시하고 있다. 크레타의 법전을 제정하여 입법자로서 다른 도시 국가들의 모범이 되었던 통치자 미노스는 죽은 뒤에 저승에서 죽은 자들의 생전의 공과를 심판하는 심판관이 되었다고 한다.
　간혹 메가라의 공주 스킬라를 바다 괴물 스킬라와 혼동하기도 하지만 같은 인물은 아닌 것으로 보인다.

스킬라 Scylla, 바다 괴물

요약

그리스 신화에 나오는 바다 괴물이다.

상체는 처녀이지만 하체는 여섯 마리의 사나운 개가 삼중의 이빨을 드러내고 굶주림에 짖어대는 모습이다. 원래는 아름다운 님페였는데 해신 글라우코스를 사이에 두고 마녀 키르케의 미움을 사 그녀의 마법에 의해 흉측한 바다 괴물이 되었다.

기본정보

구분	괴물
상징	피하기 힘든 위험
외국어 표기	그리스어: Σκύλλα
관련 신화	오디세우스의 모험, 헤라클레스의 모험
가족관계	크라타이이스의 딸, 포르키스의 딸, 티폰의 딸, 에키드나의 딸

인물관계

스킬라의 부모에 관해서는 여러 가지 이야기가 있다. 호메로스는 『오디세이아』에서 그녀를 여신 크라타이이스의 딸이라고 했지만 전승에 따라 해신 포르키스 혹은 트리에노스의 딸이라고도 하고, 마녀 헤카테와 포르바스의 딸이라고도 하며 뱀의 형상을 한 거대한 괴물 티폰과 에키드나의 딸이라고도 한다.

스킬라 부모의 또다른 설
1. 포르키스
2. 트리에노스
3. 헤카테+포르바스
4. 티폰+에키드나

크라타이이스

스킬라 ← 구애 ← 글라우코스
또는 포세이돈

신화이야기

괴물로 변한 스킬라

　스킬라는 아름다운 님페였다. 어느 날 바닷가에서 물놀이를 하고 있는 그녀의 모습을 본 해신 글라우코스가 첫눈에 반해 사랑을 고백하였지만 스킬라는 그의 마음을 받아주지 않았다. 하루하루 애가 타들어 가던 글라우코스는 마녀 키르케에게 도움을 청하기로 했다. 스킬라의 마음을 자신에게로 돌려놓을 수 있는 마법의 약을 만들어 달라는 것이었다. 하지만 사랑에 애태우는 글라우코스를 보자 키르케의 마음에 연심이 생겨났다. 키르케는 그러지 말고 자신과 사랑을 나누자고 했지만 스킬라를 향한 글라우코스의 일편단심은 변하지 않았다.

　불같은 질투심에 사로잡힌 키르케는 스킬라에게 분노를 쏟아냈다. 그녀는 스킬라가 늘 물놀이를 하는 곳에 독풀의 즙을 풀고 주문을 외웠다. 여느 때처럼 헤엄을 치고 나오던 스킬라는 자신의 아랫도리가 끔찍

스킬라
보이오티아의 적색상 도기, 기원전 425년경.
루브르 박물관

글라우코스와 스킬라
페테르 파울 루벤스(Peter Paul Rubens), 1636년경, 보나트 헬레 박물관

하게 변한 것을 보고 소스라치게 놀랐다. 개의 형상을 한 머리가 여섯 개나 뱀처럼 길게 솟아나 저마다 삼중의 이빨을 드러낸 채 울부짖고 있었던 것이다. 스킬라는 곧 그 모습으로 바위에 뿌리가 박힌 듯 꼼짝을 할 수 없게 되었다.

스킬라가 괴물로 변신하게 된 연유에 대해서는 몇 가지 다른 이야기가 있다. 포세이돈이 그녀를 사랑하자 이를 질투한 그의 아내 암피트리테가 키르케에게 부탁하여 그렇게 만들었다고도 하고, 스킬라가 글라우코스를 사랑하여 포세이돈의 구애를 거절했다가 분노한 포세이돈이 그렇게 만들었다고도 한다.

뱃사람들을 위협하는 스킬라

괴물로 변한 스킬라는 분노와 절망에 사로잡혀 나날이 포악해졌다. 그녀는 손에 닿는 것이면 무엇이든 닥치는대로 잡아먹었다. 그녀가 있는 곳은 메시나의 아주 좁은 해협으로 맞은편에는 카립디스라는 또 다른 괴물이 있었기 때문에 배를 타고 이곳을 지나는 선원들은 그녀의 손쉬운 먹이가 되었다. 그렇게 스킬라는 오디세우스의 부하 여섯 명을 잡아먹었고 아이네이아스의 배도 난파시켰다.

스킬라는 결국 영웅 헤라클레스에 의해 최후를 맞았다. 그가 서쪽 끝에서 게리온의 황소를 빼앗아 아르고스로 돌아오면서 이곳을 지날 때 스킬라가 그의 황소 몇 마리를 잡아먹은 탓이었다. 하지만 죽어서 바위로 변한 뒤에도 그녀는 계속 이곳을 지나는 뱃사람들을 위협하였다. 일설에 따르면 헤라클레스에게 죽임을 당한 그녀를 아버지 포르키스가 나중에 되살렸다고도 한다.

신화해설

호메로스의 『오디세이아』에서 키르케는 자신의 섬에 머물다 고향으로 돌아가기 위해 떠나는 오디세우스에게 닥쳐올 위험을 경고할 때, 한 쪽에는 끔찍한 이빨을 드러낸 스킬라가

칼라브리아의 스킬라 바위
©Cirimbillo@Wikimedia(CC BY-SA-3.0)

있고 다른 쪽에는 모든 것을 빨아들이는 무시무시한 카립디스가 있어 이곳을 아무런 피해 없이 무사히 빠져나가는 것은 불가능하다고 말한다. 여기서 나온 것이 서구인들이 흔히 입에 올리는 '스킬라와 카립디스 사이로 지나기'라는 표현이다. 한 가지 위험을 피하려다가 다른 위험에 온전히 빠져들 수 있음을 경고하는 말이다. 지금도 이탈리아 칼라브리아의 메시나 해협에는 스킬라 바위가 있다.

스테로페스 Steropes

요약

번개가 의인화된 신이다.

대지의 여신 가이아와 하늘의 의인화된 신 우라노스 사이에서 태어난 외눈박이 키클로페스 삼형제 중 한 명이다.

기본정보

구분	개념이 의인화된 신
상징	번개, 거인
외국어 표기	그리스어: Στερόπης
어원	고대 그리스어 Στερόπη(Sterope) '번개'에서 유래
가족관계	우라노스의 아들, 가이아의 아들, 티탄 12신의 형제

인물관계

그리스 신화의 제2세대 신으로, 이마 한 가운데에 둥근 눈 하나만 가진 거인 삼형제 중의 한 명이다. 대지의 의인화된 여신 가이아와 가이아의 아들이자 하늘의 의인화된 신 우라노스 사이에서 태어난다.

스테로페스의 남자 형제로는 브론테스와 아르게스 이외에 머리 50개와 팔 100개가 달린 거인 삼형제 헤카톤케이레스와 티타네스로 불리는 6명의 남신이 있다. 스테로페스의 여자 형제로는 티타니데스로 불리는 여신들이 있다. 크로노스와 레아 사이에서 태어난 헤스티아, 데메테르, 헤라, 하데스, 포세이돈, 제우스는 스테로페스의 조카들이다.

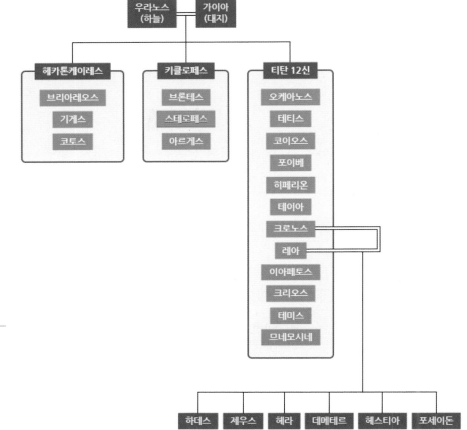

신화이야기

개요

그리스 신화의 제2세대 신으로, 이마 한 가운데에 둥근 눈 하나만 가진 거인 삼형제 중의 한 명이다. 외눈박이 거인 삼형제의 총칭으로 '키클로페스'라고 하고, 삼형제 한 명 한 명을 따로 가리켜 부를 때는 단수형으로 '키클롭스'라고 한다.

『신들의 계보』와『비블리오테케』는 스테로페스의 탄생 신화를 전해 준다. 이 두 전승에 따르면 키클로페스는 대지의 여신 가이아와 하늘의 의인화된 신 우라노스 사이에서 태어났다. 키클로페스 삼형제는 스테로페스를 포함하여 브론테스와 아르게스이다. 또한 아르게스는 전승문헌에 따라 피라크몬으로도 불린다. 그 대표적인 전승문헌은 베르길리우스의『아이네이스』이다.

아버지 우라노스는 키클로페스 삼형제를 싫어하여 스테로페스는 브론테스, 아르게스와 함께 태어나자마자 타르타로스에 갇히는 운명을 맞이한다. 티탄 신족의 막내이자 스테로페스의 남자형제 크로노스가 아버지 우라노스를 거세시킨 후 우주의 지배자 즉 최고 신의 위치에 오른 후에도 스테로페스는 다른 두 외눈박이 형제들과 함께 여전히 타르타로스에서 벗어나지 못하였다. 제우스가 장성하여 크로노스와 10년 동안 지속된 싸움을 벌일 때 대지의 여신 가이아는 제우스에게 타르타로스에 갇힌 자를 동맹자로 얻으면 싸움에서 승리할 것이라는 신탁을 내린다. 그래서 제우스는 타르타로스를 지키던 캄페를 죽이고 삼촌들인 키클로페스와 헤카톤케이레스를 풀어주었다.

제우스의 도움으로 무시무시한 어둠의 세계로부터 벗어난 스테로페스는 브론테스와 아르게스와 함께 은혜의 보답으로 제우스에게 천둥과 번개와 벼락을, 하데스에게 쓰면 보이지 않는 투구를, 포세이돈에게 삼지창을 만들어 주었다. 제우스는 키클로페스 삼형제가 선사한 무기로 크로노스와의 싸움에서 승리를 거두고 우주의 새 주인으로 등극하여 올림포스 신들의 시대를 열었다.

스테로페스의 계보

『신들의 계보』와『비블리오테케』는 가이아와 우라노스 사이에서 태어난 자식들의 순서와 관련하여 차이를 보인다.

『신들의 계보』에 따르면 가이아와 우라노스 사이에서 12명의 티탄 신족이 가장 먼저 태어나고 그 다음에 키클로페스 삼형제가, 그 다음에 헤카톤케이레스 삼형제가 태어난다. 이 계보에 따르면 스테로페스는 아버지 우라노스를 거세시킨 후 우주의 지배자가 된 크로노스의 동생이며, 크로노스를 폐위시키고 신계와 인간계의 통치자가 된 제우스의 작은삼촌이다.

한편 『비블리오테케』에 따르면 가이아와 우라노스 사이에서 헤카톤케이레스 삼형제가 가장 먼저 태어나고 그 다음에 키클로페스 삼형제가, 그 다음에 12명의 티탄 신족이 태어난다. 이 계보에 따르면 스테로페스는 크로노스의 형이며 크로노스를 폐위시키고 우주의 통치자가 된 제우스의 큰삼촌이다.

외모에 대한 오해

전승 기록에 따르면 키클로페스의 가장 두드러진 외형적 특징은 이마 한가운데에 둥근 외눈이다. 외눈박이 모습 이외의 외형적 특징에 관한 내용은 전승문헌들에 기술되지 않았다. 그런데 키클로페스가 너무 끔찍하고 흉측스러운 모습을 지니고 있어 아버지 우라노스조차도 보기 싫어할 정도여서 그들을 타르타로스에 가두었다는 이야기가 오늘날 사람들의 입에 자주 오르내린다.

키클로페스
오딜롱 르동(Odilon Redon), 1898년
네덜란드 크뢸러 뮐러 미술관

이는 가이아와 우라노스가 낳은 키클로페스 삼형제와 호메로스의 『오디세이아』에 등장하는 포세이돈의 아들인 키클롭스 폴리페모스를 혼동한 것에서 유래된 듯하다. 따라서 가이아와 우라노스의 자식들인 키클로페스 삼형제가 너무 못생겨 태어나자마자 아버지 우라노스에 의해 타르타로스에 감금되었다는 진술은 근거가 희박하다. 따라서 끔찍하고 흉측한 외모는 스테로페스를 포함한 키클로페스 삼형제에게 해당되지 않는다.

성격에 대한 오해

여러 전승문헌의 내용을 살펴볼 때 키클로페스 삼형제에게는 오늘날 사람들이 자주 말하는 키클로페스의 난폭한 성격이 적용되지 않는다. 오히려 그들은 아버지 우라노스와 형제 크로노스의 처분을 고분고분 따르고 반항이나 저항을 하지 않는 온순한 성격의 소유자로 묘사된다. 또한 그들은 자신들에게 베풀어 준 은혜를 잊지 않고 보답하는 존재이기도 하다.

가이아와 우라노스가 낳은 키클로페스 삼형제의 성격에 대한 오해는 그들이 호메로스의 『오디세이아』에 등장하는 포세이돈의 아들인 키클롭스 폴리페모스와 그의 외눈박이 거인 부족으로 혼동된 것에서 유래된 듯하다. 호메로스의 키클로페스는 오만불손하고 무법자인 양 행동하며 신들에 대한 경외심도 없는 존재이다. 따라서 스테로페스를 포함한 키클로페스 삼형제가 난폭하고 흉포하다는 말은 근거가 없다.

제우스의 최대 조력자 중 한 명인 스테로페스

아버지 우라노스는 키클로페스가 태어나자마자 그들을 타르타로스에 가둔다. 크로노스가 아버지 우라노스를 거세시키고 나서 우주의 지배자가 된 후에도 키클로페스 삼형제는 타르타로스의 감금 상태에서 벗어나지 못한다. 조카 제우스가 크로노스와 그의 추종자들과 전쟁을 벌일 때 가이아의 신탁을 받아들여 스테로페스를 포함한 키클로페스 삼형제를 어둠의 장소에서 구해준다. 그러자 그들은 구출의 은혜에 보답하고자 제우스에게 티탄과의 전쟁에서 승리를 이끌 수 있는 무기 즉 천둥과 번개와 벼락을 만들어 선사한다.

『신들의 계보』는 제우스를 돕는 키클로페스 삼형제를 다음과 같이 적고 있다.

"제우스의 몸은 무럭무럭 성장한다. 또한 그의 용기도 하루가 다르게 부쩍부쩍 늘어간다. 몸이 거대하고 사악한 음모를 잘 꾸미는 크로노스는 어머니 가이아의 영리한 계책에 속고 아들 제우스의 꾀와 힘에 눌려 삼켰던 자식들을 도로 게워낸다. 크로노스가 처음으로 토해낸 것은 맨 나중에 삼켰던 돌덩이였다. 제우스는 크로노스가 토해낸 돌을 파르나소스 산기슭에 자리 잡은 신성한 지역 피토의 광활한 대지에 세워 놓았다. 그것은 도래하게 될 시대의 징표이며 죽음을 피할 수 없는 인간에게는 경이로운 물건이다.

제우스는 아버지 크로노스의 형제들인 키클로페스를 어둠에서 구해준다. 할아버지 우라노스가 마음의 눈이 멀어 제우스의 삼촌들을 무시무시한 어둠 속에 가두었기 때문이다. 그러자 삼촌들은 제우스의 은혜에 보답하고자 거대한 가이아가 숨겨 두었던 천둥과 불타는 벼락과 눈부신 번개를 조카에게 준다. 제우스는 이것들을 가지고 인간들과 불사의 신들을 다스린다."

키클로페스가 제우스의 도움으로 타르타로스에서 벗어나자 제우스를 포함한 조카들에게 감사의 선물을 주었다. 이 선물은 스테로페스가 형제 브론테스, 아르게스와 함께 제우스, 하데스, 포세이돈을 위해 직접 제작한 무기이다. 제우스 형제들은 이 무기로 티탄과의 전쟁에서 승리할 수 있게 된다. 이와 관련된 내용이 『비블리오테케』에 다음과 같이 묘사되어 있다.

"장성한 제우스는 오케아노스의 딸 메티스의 도움을 받는다. 그녀는 크로노스에게 약을 주어 마시게 한다. 약을 마신 크로노스는 가장 먼저 돌덩이를 게워내고 그 다음에 그가 집어삼킨 자식들을 토해낸다. 제우스는 그들의 도움을 받으면서 크로노스와 티탄 신족들에 맞서 전쟁을 시작한다. 그 전쟁은 10년 동안 계속된다. 대지의 여신 가이아는 제우스에게 타르타로스로 내던져진 자들을 동맹자로 삼는다면 전쟁에서 승리할 것이라는 신탁을 내린다. 그래서 제우스는 타르타로스에 갇힌 자들을 감시하던 캄페를 죽이고 그들을 어두운 암흑에서 구해준다. 그러자 타르타로스에 갇힌 자들 중 키클로페스는 제우스에게 천둥과 번개와 벼락을, 플루톤(지하세계의 신 하데스의 별칭)에게 투구를, 포세이돈에게 삼지창을 준다. 키클로페스가 만들어준 무기로 무장한 제우스의 형제들은 티탄 신족들을 제압하고 그들을 타르타로스에 가둔다. 이때 헤카톤케이레스가 티탄 신족의 감시자로 임명된다. 티탄 신족들과의 전쟁에서 승리한 자들은 제비뽑기를 통해 자신들의 권력을 나눈다. 제우스는 하늘의 통치권을, 포세이돈은 바다의 통치권을, 플루톤은 저승의 통치권을 갖는다."

스테로페스를 포함한 키클로페스 삼형제가 제우스와 헤라의 아들이며 불의 지배자인 헤파이스토스의 대장간에서 제우스의 무기인 벼락을 만드는 모습은 푸블리우스 베르길리우스 마로의 『아이네이스』에서 다음과 같이 묘사되어 있다.

"제우스와 헤라 사이에서 태어난 불의 주인 헤파이스토스는 부드럽고 보송보송한 잠자리에서 일어나 대장간으로 간다. 시칠리아 해안과 에올리에 제도의 리파리 섬 사이에 섬이 하나 치솟아 있다. 그 섬은 바다에서 가파르게 솟구쳐 있고 섬을 이루고 있는 바위틈 사이에서 연기가 뿜어져 나온다. 그 섬의 깊숙한 곳에 동굴이 하나 있다. 그 움푹 파인 동굴은 키클로페스가 불로 작업한 결과로 생겼다. 동굴 안에서 모루 위를 힘껏 내리치는 천둥과 같은 요란한 소리가 난다. 용광로 안에서는 쇳덩어리가 녹고 화염의 숨소리가 거칠게 뿜어져 나온다. 이곳이 바로 불카누스 즉 헤파이스토스의 집이다. 이 섬은 볼카니아라고 불린다. 그때 불의 신 헤파이스토스가 하늘 높이에서 내려온다. 이 넓은 지하 동굴 안에서 키클로페스가 부지런히 일하고 있다. 브론테스와 스테로페스와 피라크몬(베르길리우스의 『아이네이스』에서 등장하는 피라크몬은 키클로페스 삼형제 중의 한 명인 아르게스의 다른 이름)이 발가벗은 채 모루 위의 달구어진 무쇠를 망치질로 벼리고 있다. 그들은 벼락을 만들고 있다. 그들은 하늘의 아버지 제우스가 하늘에서 대지로 내리칠 수없이 많은 벼락을 만들고 있다. 만들어진 벼락 중 일부는 이미 광이 반짝반짝 나도록 닦여져 있고 일부 벼락은 아직 마무리되지 않은 상태이다."

죽음을 피할 수 없는 스테로페스

에우리피데스는 『알케스티스』에서 아폴론이 신이지만 1년 동안 목동으로 인간에서 봉사하게 된 사연을 독백 형식으로 적고 있다.

아폴론의 아들 아스클레피오스가 제우스의 벼락에 맞아 죽자 아폴론은 비명횡사한 아들의 복수로 제우스에게 벼락을 만들어 준 키클로페스를 죽였다. 이 때문에 그는 아버지 제우스의 명령에 따라 필멸의 인간에게 1년 동안 봉사를 해야 했다.

전승 자료에 따르면 스테로페스를 포함한 키클로페스 삼형제는 가이아와 우라노스의 자식이지만 불멸의 신이 아니라 필멸의 존재이다.

"아드메토스의 집이여! 나는 비록 신이지만 이곳에서 모든 것을 꾹 참고 하인들을 위해 차려진 식탁에서 음식을 먹는다오. 이에 대한 책임은 내 아들 아스클레피오스의 가슴을 벼락으로 내리쳐 죽인 제우스께 있다오. 나는 화가 나 하늘의 대장장이 키클로페스를 죽였다오. 아버지 제우스께서는 내가 그들을 죽인 벌로 죽음을 피할 수 없는 인간에게 봉사하라는 명령을 내렸다오. 그래서 나는 이 나라에 와서 가축을 보살피고 있다오."

(에우리피데스, 『알케스티스』)

아스클레피오스
로마 시대 석상, 100~150년
나폴리 고고학박물관

159

아스클레피오스의 죽음과 스테로페스의 죽음의 연관성

아폴론의 아들 아스클레피오스가 죽은 사람을 살리는 의술을 베풀자 우주의 통치자 제우스는 '불멸의 신과 필멸의 인간'이라는 우주의 질서가 무너질까 걱정한다. 그래서 제우스는 우주의 질서를 바로 잡고자 스테로페스, 브론테스, 아르게스 삼형제가 만든 벼락으로 아스클레피오스를 죽였다. 아폴론은 자식의 죽음에 대한 복수를 벼르지만 아버지 제우스에게 복수의 칼날을 겨눌 수 없어 벼락을 만든 키클로페스 삼형제를 죽여 분풀이를 한 것이다. 키클로페스 삼형제의 죽음과 관련하여 『비블리오테케』는 다음과 같이 적고 있다.

"제우스는 인간들이 아폴론의 아들 아스클레피오스에게서 의술을 배워 서로를 도와줄까봐 두려워한 나머지 그를 벼락으로 내리친다. 이에 격분한 아폴론은 제우스에게 벼락을 만들어준 키클로페스를 죽인다. 그러자 제우스는 아폴론을 타르타로스에 던져버리려고 한다. 레토가 간절히 애원하자 제우스는 아폴론을 페라이로 보내 페레스의 아들 아드메토스에게 1년 동안 봉사하도록 명령한다. 아폴론은 아드메토스 왕 밑에서 가축을 키우며 모든 암소들이 쌍둥이 송아지를 낳게 해준다."

스틱스 Styx

요약

그리스 신화에서 저승을 둘러싸고 흐르는 강의 여신이다.

티탄 신족과의 전쟁에서 제우스를 도와 전쟁을 승리로 이끈 공로로 스틱스는 신도 인간도 결코 어겨서는 안되는 맹세의 증표가 되는 명예를 얻었다.

기본정보

구분	하계의 신
상징	죽음, 굳은 맹세
외국어 표기	그리스어: Στύξ
어원	꺼려함, 싫어함
관련 신화	티타노마키아, 트로이 전쟁
별자리	명왕성의 다섯 번째 위성
가족관계	오케아노스의 딸, 테티스의 딸, 팔라스의 아내, 니케의 어머니

인물관계

『신들의 계보』에 따르면 스틱스는 오케아노스와 테티스 사이에서 태어난 3000명의 딸들(오케아니데스) 중 맏딸이다. 스틱스는 티탄 신족의 팔라스와 결혼하여 니케(승리), 크라토스(힘), 비아(폭력), 젤로스(경쟁) 등을 낳았다.

하지만 히기누스는 스틱스를 닉스(밤)와 에레보스(암흑)의 딸로 소개

하고 있다. 에피메니데스가 전하는 이본에 따르면 스틱스는 페이라스와 결합하여 하반신이 뱀인 처녀 에키드나를 낳았다고도 한다.

또는 닉스+에레보스
오케아노스 — 테티스
팔라스 — 스틱스 — 페이라스
니케 크라토스 비아 젤로스 에키드나

신화이야기

{7C1D3E8F-0000-0000-0000-000000000162}
162

저승을 흐르는 강

스틱스는 세상을 둘러싸고 흐르는 대양강 오케아노스의 물줄기에서 갈라져 나와 아르카디아의 케르모스 산의 험한 협곡을 지나 저승으로 흘러드는 강을 지배하는 여신이다. 증오의 강 스틱스는 저승에서 슬픔의 강 아케론, 탄식의 강 코키투스, 불의 강 플레게톤, 망각의 강 레테 등의 지류로 나뉘어 하데스의 나라를 아홉 물굽이로 감싸고 흐른다.

호메로스는 망자가 저승으로 가려면 다섯 개의 강 아케론, 코키투스, 플레게톤, 레테, 스틱스를 차례로 건너야 한다고 했다.

망자의 영혼은 저승의 뱃사공 카론의 배를 타고 스틱스 강을 건너게 되는데 이때 뱃삯을 지불해야 한다. 망자의 입에 동전을 물려주는 것은 그 때문이다. 그렇지 않으면 망자는 영원히 저승에 들어가지 못하고 스틱스 강가에 머물러 있어야 하므로, 망자에게 카론의 뱃삯을 챙겨주는 일은 장례에서 매우 중요한 의식이다.

스틱스 강을 건너는 망자들
판화, 귀스타브 도레(Paul Gustave Dore), 1861년

맹세의 강물

스틱스는 저승에서 은으로 된 기둥이 있는 화려한 궁전에 살고 있다. 그녀는 티탄 신족인 팔라스와 결혼하여 니케(승리), 크라토스(폭력), 비아(힘), 젤로스(경쟁심)를 낳았다.

스틱스는 제우스가 티탄 신족과 전쟁을 벌였을 때(티타노마키아) 네 자녀와 함께 제일 먼저 달려가 그의 승리를 도왔다. 제우스는 이때의 공을 높이 사서 신들에게 중요한 맹세를 할 때 스틱스의 이름을 걸고 약속하도록 명했다. 어떤 신이 맹세를 하려 하면 제우스는 이리스를 저승으로 보내 강물을 병에 담아오게 한 다음 술잔에 따라 놓고 그것에 대고 맹세하게 했다. 스틱스의 강물에 대고 맹세한 약속은 제우스 자신도 결코 어겨서는 안 되었다. 만일 맹세를 어기면 누구든지 1년 혹은 1대년(보통 달력으로는 9년에 해당한다) 동안 숨을 쉬지 못하고 암브로시아나 넥타르를 입에 댈 수도 없었다. 그리고 나서도 9(대)년 동안 올림포스에서 추방되어 다른 신들과 어울리는 것이 금지되었다.

제우스는 사랑하는 여인 세멜레에게 무엇이든 원하는 것을 들어주겠다고 섣불리 약속을 했다가 그녀를 잃어야 했고, 태양신 헬리오스역시 아들 파에톤에게 같은 약속을 했다가 마찬가지로 아들을 잃어야 했다. 모두 스틱스 강에 걸고 한 맹세를 어길 수 없어서 생긴 비극이었다.

아킬레우스와 스틱스 강

그밖에도 스틱스 강물에 목욕을 하면 몸이 강철과 같이 단단해져서어떤 창칼이나 화살도 뚫을 수 없게 된다하여, 바다의 님페 테티스는아들 아킬레우스를 낳았을 때 아이를 이 강물에 담가 무적의 전사로만들었다. 하지만 이때 발목을 붙잡고서 담그는 바람에 물이 닿지 않은 발목 부위가 아킬레우스의 유일한 약점이되었다.('아킬레스건') 트로이 전쟁 때 아킬레우스는 결국 그 자리에 파리스의 화살을 맞아 생을마감했다.

또한 스틱스 강물에는치명적인 독성이 있어서그 강물을 마신 자는 누구든 목숨을 잃게 된다.일설에 따르면 알렉산더대왕은 스틱스 강물로독살되었다고 한다.

스틱스 강에 어린 아들 아킬레우스를 담그는 테티스
페테르 파울 루벤스(Peter Paul Rubens), 1630~1635년
로테르담 보이만스 반 뵈닝겐 미술관

현대의 스틱스

명왕성의 다섯 번째 위성

2006년에 왜소행성으로 분류되어 태양계 행성의 지위를 잃고 소행성 목록에 포함된 명왕성(pluto)에는 모두 다섯 개의 위성이 있다. 그중 2012년에 발견된 다섯 번째 위성에 인터넷 공모를 통해 '스틱스'라는 이름이 붙여졌다. 명왕성의 나머지 위성 이름은 '카론', '닉스', '히드라', '케르베로스'다.

함대함 미사일

스틱스는 러시아의 함대함 미사일 이름이기도 하다. 유효사거리 24km의 이 미사일은 1967년 중동전쟁 때 이스라엘의 구축함 에이라트호를 격침시켜 유명해졌다.

관련 작품

죽음의 강 스틱스는 후대의 작가들에게 많은 영감을 주었다. 스틱스 강을 모티브로 다룬 문학작품으로는 단테의 『신곡』, 밀턴의 『실락원』, 토마스 만의 『베니스에서의 죽음』, 샤를 보들레르의 시 〈돌이킬 수 없는〉 등이 있다.

스파르타 Sparta

요약

그리스 남부 라코니아 지방에 있는 스파르타의 주요 샘을 돌보는 물의 님페로, 강의 신 에우로타스의 딸이다.

제우스의 아들 라케다이몬과 결혼하여 아들 아미클라스와 딸 에우리디케를 낳았다.

도시 스파르타에 이름을 준 조상이다.

기본정보

구분	님페
외국어 표기	그리스어: Σπάρτα
관련 지명	스파르타 시
관련 신화	라케다이몬, 에우로타스
가족관계	에우로타스의 딸, 라케다이몬의 아내, 아미클라스의 어머니, 에우리디케의 어머니

인물관계

강의 신 에우로타스의 딸이다. 라케다이몬과 결혼하여 아미클라스와 에우리디케를 낳았다.

스파르타의 부모

스파르타는 그리스 남부 라코니아 지방에 있는 스파르타 마을의 주요 샘과 지류를 돌보던 물의 님페이다.

『비블리오테케』에 의하면 스파르타의 아버지는 라코니아 지방을 흐르는 에우로타스 강의 신 에우로타스이다. 에우로타스의 아버지는 라코니아 지방을 다스리던 초대왕 렐렉스이고 어머니는 물의 님페 클레오카레이아라고 한다. 그런데 파우사니아스의 『그리스 안내』에 의하면 에우로타스는 렐렉스의 아들이 아니라 손자라고 한다. 그는 렐렉스의 아들인 밀레스의 아들이라 한다.

스파르타 시의 명조

　스파르타의 남편은 제우스의 아들 라케다이몬이다. 라케다이몬은 타이게테와 제우스 사이에 태어난 자식인데 스파르타의 아버지 에우로타스는 아들이 없었기 때문에 사위인 라케다이몬에게 왕위를 물려주었다. 『그리스 안내』에 의하면 라케다이몬은 왕위에 오르자 나라의 이름을 자신의 이름을 따서 라케다이몬이라 정하고 백성들을 라케다이몬족이라 불렀다. 그리고 나서 그는 왕국의 중심 도시를 건설하고 그 도시를 아내의 이름을 따서 스파르타라 불렀다. 이렇게 해서 스파르타는 스파르타 시에 이름을 준 조상이 된다.

　이런 맥락에서 보자면 라케다이몬은 국가의 공식 명칭이고 스파르타는 라케다이몬의 중심 도시 내지는 도읍이라 할 수 있다. 그런데 시간이 지나면서 스파르타는 라케다이몬 대신 국가의 명칭으로 쓰이기도 했다.

스파르타의 자식 및 후손

　스파르타는 남편 라케다이몬과 사이에 아들 아미클라스와 딸 에우리디케를 낳았다. 아미클라스는 아버지로부터 왕국을 물려받았다. 에우리디케는 아르고스의 왕 아크리시오스와 결혼하여 다나에를 낳았다. 아크리시오스는 왕위를 이을 왕자가 없어 신탁을 구하던 중 딸이 낳은 아들 즉 외손자에 의해 죽음을 당할 것이라는 예언을 듣는다.('아크리시오스' 참조) 이에 아크리시오스 왕은 아직 결혼하지 않은 다나에를 아무도 접근할 수 없는 청동탑에 가둔다. 그러나 다나에를 마음에 둔 제우스는 급기야 황금비로 변신하여 지붕의 틈새로 탑 안에 스며들어 다나에에게 접근한다. 다나에는 제우스와의 관계에서 훗날 영웅이 된 페르세우스를 낳았다. 따라서 아름다운 다나에는 스파르타의 손녀이고 영웅 페르세우스는 스파르타의 증손자가 되는 것이다.

스파르토이 Spartoi

요약

  테바이의 건설자 카드모스가 죽인 용의 이빨에서 나온 무장한 병
사들이다. 자기네들끼리 싸우다 이 중 5명만이 살아 남았다.
  이들은 카드모스를 도와 테바이를 건설하고 테바이 귀족들의 조상
이 된다.

기본정보

구분	신화 속 인물
상징	용
외국어 표기	그리스어: Σπαρτοι
어원	씨뿌려 나온 자들, 씨에서 나온 자들
관련 신화	카드모스, 하르모니아

인물관계

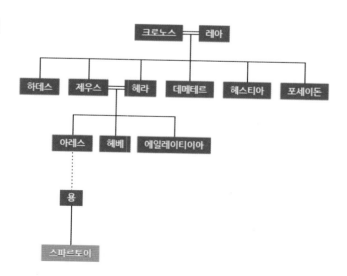

『비블리오테케』에 의하면 카드모스가 죽인 용이 아레스의 후손이라고 한다. 스파르토이는 용의 이빨을 심어 나왔기 때문에 용의 자손이라고 할 수 있을 것이다. 가계도는 이를 근거로 작성한 것이다.

신화이야기

테바이의 건설과 스파르토이

카드모스는 페니키아의 왕 아게노르와 텔레파사 사이에서 태어난 아들이다. 누이동생 에우로페가 제우스에 의해 납치되어 행방불명이 되자 아버지 아게노르 왕은 카드모스를 비롯한 아들들에게 에우로페를 찾아오라는 명을 내렸다. 아게노르 왕은 아들들에게 에우로페를 찾지 못하면 돌아오지 말라는 엄포를 놓았다.

카드모스는 방방곡곡을 헤매고 다녔지만 누이동생을 찾지 못하고 아버지의 엄명으로 고향에 돌아가지 못하는 신세가 되었다. 고향에 돌아가지 못하는 카드모스는 델포이에 있는 아폴론 신전으로 가서 신탁을 구하였다. 이에 아폴론은 암소 한 마리를 만나면 그 암소의 뒤를 따라가 암소가 머무는 곳에 도시를 세우고 그 도시의 이름을 테바이로 하라는 신탁을 내렸다.

그는 신탁이 명하는 대로 암소가 멈출 때까지 암소의 뒤를 따라갔다. 암소가 머문 곳에서 카드모스는 암소를 신에게 제물로 바치기 위해 부하들에게 아레스의 샘에서 성스러운 물을 길러오라고 명했다. 그러나 부하들 모두가 샘을 지키고 있는 용(혹은 뱀)에게 죽임을 당했다. 이에 카드모스는 화가 나 용(뱀)을 죽였고, 그때 아테나 여신이 나타나 용의 이빨을 땅에 뿌리라고 명을 내렸다. 카드모스가 그대로 하자 땅에서 갑자기 무장한 군인들이 나타났고, 이들이 스파르토이이다.

스파르토이란 '씨뿌려서 나온 자들'이라는 뜻이다. 이들은 서로 싸우다 결국에는 5명만 남게 된다.

『비블리오테케』에는 이 5명의 이름이 언급되어 있는데 살아남은 사람들의 이름은 에키온, 우다이오스, 크토니오스, 히페레노르, 펠로로스인데 각 이름의 의미는 다음과 같다.

에키온	'뱀의 아들', 혹은 '용의 아들'이라는 뜻
우다이오스	'지면의'라는 뜻
크토니오스	'대지의'라는 뜻
히페레노르	'초인의'라는 뜻
펠로로스	'거인의'라는 뜻

이 5명의 군인들은 카드모스가 도시의 성채를 건설하는 것을 도와주는데 성채는 카드모스의 이름을 따서 카드메이아라고 불렸다. 이 도시는 나중에 테바이가 되고 카드모스는 테바이의 왕이 되었다. 그리고 스파르토이 중 살아남은 5명은 테바이 귀족의 조상이 되었다.

스파르토이의 후손들

살아남은 사람들 중 에키온은 후에 카드모스의 딸 아가우에와 결혼하여 이 두 사람 사이에서 펜테우스가 태어났다. 카드모스 왕은 후에 펜테우스에게 테바이의 왕위를 물려주었고 펜테우스는 테바이의 2대 왕이 되었다.

크토니오스의 아들 닉테우스와 리코스는 어려서 테바이의 왕위에 오른 카드모스의 손자 라브다코스의 섭정을 맡는다. 닉테우스는 라브다코스의 외할아버지이다.

시노페 Sinope

요약

그리스 신화에 나오는 아름다운 님페이다.

제우스는 시노페에게 반해 소원이 무엇이든 다 들어주겠다고 했는데, 그녀가 처녀로 남고 싶다는 소원을 말해 제우스를 실망시켰다.

흑해 연안의 도시 시노페(시노프)는 그녀의 이름에서 유래하였다.

기본정보

구분	님페
상징	영리한 처녀
외국어 표기	그리스어: Σινώπη
별자리	목성의 시노페 위성
관련 지명	시노페(시노프), 시리아
가족관계	아소포스의 딸, 메토페의 딸, 아폴론의 아내

인물관계

시노페는 강의 신 아소포스와 메토페 사이에서 난 딸로 아이기나, 테베, 살라미스, 케르키라, 페이레네, 테스피아, 칼키스 등과 자매지간이다. 아소포스와 메토페 사이에서는 두 명의 아들 이스메노스와 펠라스고스도 태어났다.

시노페는 아폴론과 사이에서 아들 시로스를 낳았다.

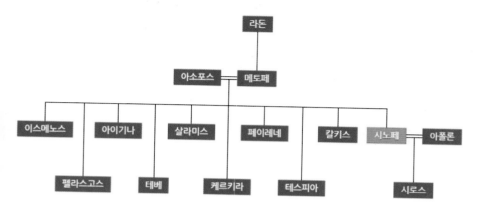

신화이야기

제우스와 시노페

제우스는 아름다운 님페 시노페에게 반하여 구애를 하였지만 시노페는 부끄러워하며 제우스를 피해 달아났다. 제우스가 그녀를 뒤쫓았지만 시노페는 바람처럼 빠른 발을 가지고 있었다. 둘의 경주는 세상을 절반이나 돌고 나서야 끝이 났다. 시노페가 마침내 지치고 말았기 때문이다. 제우스는 피하기만 하는 시노페를 어떻게 해서든 손에 넣으려고 그녀에게 무슨 소원이든 다 들어주겠다고 스틱스 강에 걸고 맹세하였다. 하지만 그것은 제우스의 결정적인 실수였다. 왜냐하면 시노페는 영원히 처녀로 남는 것이 소원이라고 말했던 것이다. 제우스는 몹시 속이 상했지만 이미 스틱스 강물에 대고 맹세를 했기 때문에 어쩔 수가 없었다. 스틱스 강물에 대고 한 맹세는 신들의 아버지인 그 자신조차도 지키지 않을 도리가 없었다.('스틱스' 참조)

나중에 제우스가 시노페를 붙잡은 곳에 도시가 세워졌는데 사람들은 그 도시의 이름을 시노페라고 지었다.

시리아인의 시조

하지만 디오도로스 시켈로스가 전하는 이야기에 따르면 시노페는 나중에 아폴론에게 납치되어 소아시아로 가서 시리아인들의 시조가 된 시로스라는 아들을 낳았다고 한다. 하지만 또 다른 전승에 따르면 시노페는 아폴론의 유혹도 제우스에게 했던 것과 똑같은 방식으로 피하고 죽을 때까지 처녀로 지냈다고 한다.

시논 Sinon

요약

스스로 트로이의 포로가 되어 트로이인들이 트로이 성 안에 목마를 가지고 들어가게 한 그리스의 첩자이다.

기본정보

구분	신화 속 인물
외국어 표기	그리스어: Σίνων
어원	해코지하는 자
관련 신화	트로이 전쟁, 트로이 목마

인물관계

시논은 아이시모스의 아들이고 오디세우스와 사촌간이다. 그의 이름은 '해코지하는 자'라는 뜻이다.

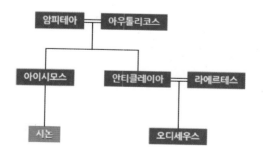

신화이야기

트로이 목마

　헬레노스는 오디세우스에게 이 전쟁에서 승자가 되려면 트로이 성 안에 있는 트로이의 수호신상인 팔라디온을 가지고 나와야 한다고 말하였다. 그리고 스키로스 섬에 있는 아킬레우스의 아들 네오프톨레모스도 필요하다고 덧붙였다. 그리스군은 헬레노스가 말한 모든 것을 충족시켰지만 어찌된 일인지 트로이 성은 함락되지 않았다. 이때 오디세우스가 비범한 계략을 생각해냈다. 그는 건축가인 에페이오스에게 거대한 목마를 만들도록 했다. 에페이오스는 이다 산에서 나무를 베어와 속이 텅 빈 말을 만들고 말의 옆구리에 사람이 출입할 수 있는 문을 만들었다. 오디세우스는 군인들을 목마 안에 매복시키고(베르길리우스의 『아이네이스』에 따르면 목마 안으로 들어갈 군인들은 제비뽑기로 정해졌으며, 어두운 목마 안은 무장한 군인들로 채웠다) 남은 그리스 군인들

트로이의 목마
지오반니 도메니코 티에플로(Giovanni Domenico Tiepolo), 1760년경
런던 내셔널갤러리

에게 밤이 되면 막사를 불태운 후 트로이 앞바다에 있는 테네도스 섬으로 가서 배를 정박시키고 기다리라고 지시했다. 이어 그들은 목마에 "헬라스인들은 그리스로 돌아가기 위해 아테나 여신에게 감사의 공물을 바칩니다."라고 써놓았다.

그리스군은 커다란 목마만 남겨 놓은 채 함대를 출항시켰다. 누가 봐도 그리스군이 철수하는 것 같았다. 트로이인들은 기나긴 전쟁에서 해방된 것이라고 생각하고 기뻐했다. 트로이인들은 그리스인들이 해안에 남겨두고 간 목마의 거대한 크기에 놀랐다. 그들은 목마의 처분을 놓고 갑론을박을 벌였다. 트로이의 원로인 티모이테스는 목마를 성채 위에 놓자고 말했다. 그러나 이성적으로 생각할 수 있는 사람들은 이것은 그리스의 음모이니 바다에 던져버리거나 불태우거나 구멍을 뚫어 그 안에 무엇이 있는지 살펴보자는 의견을 내놓았다. 그때 해신 포세이돈의 사제 라오콘이 나타나 그리스의 선물에는 항상 음모가 있었고 오디세우스를 어떻게 믿을 수 있냐고 외쳤다. 그는 목마 안에 그리스 군인들이 숨어 있을 수 있다고 말하면서 목마의 옆구리와 복부를 향해 창을 날렸다.

포로가 된 시논과 거짓말

트로이의 지휘자들이 시끄럽게 떠들어대고 있을 때 트로이 병사들이 그리스의 군인 한 명을 프리아모스 왕에게 끌고 왔다. 그는 전략적으로 트로이의 포로가 된 시논이었다. 그는 자기가 그리스인들 사이에서도 트로이인들 사이에서도 설 곳이 없는 불쌍한 인간이라고 신세를 한탄했다. 그는 자신이 팔라메데스의 친척이라는 이유로 오디세우스의 박해를 받았고 심지어 오디세우스는 그를 의도적으로 중상모략하고 결국 예언자 칼카스를 끌어들여 그를 없앨 방법을 모색했다고 말했다. 그는 자기가 왜 이런 말을 떠들고 있는지 모르겠다며 프리아모스 왕에게 빨리 자신을 죽여달라고 재촉했다. 그러나 트로이인들이 그 뒷이야기를 궁금해하자 시논은 격앙된 목소리로 말을 이어 나가며 트로이 목마의 내막을 털어놓았다. 그 내용은 이러하다.

전쟁에 지친 그리스군이 거대한 목마를 완성하자 갑자기 뇌우가 몰려왔다. 놀란 그리스군은 에우리필로스에게 아폴론의 신탁을 알아오라고 한다. 신탁에 따르면 아가멤논이 자신의 딸 이피게네이아를 희생 제물로 바친 후에야 그리스 함대가 출항할 수 있었으니 귀향할 때도 역시 인간 제물을 바쳐야 한다는 것이었다. 누가 과연 아폴론이 요구하는 희생제물이 될지 두려움에 떨고 있을 때 칼카스가 끌려 나왔다. 칼카스는 10일 동안 침묵을 지키며 누군가를 죽음으로 몰아넣기를 거부하는 척하더니 결국 시논을 희생 제물로 지목했다고 한다. 시논은 자신을 제물로 바칠

베르길리우스의 『아이네이아스』의 한 장면
바리카나 도서관, 5세기초
: 시논이 포로로 잡혀 프리아모스 왕 앞으로 끌려간다

제사가 준비되는 동안 겨우 빠져나와 갈대밭에 숨어 그리스 함대가 출발하는 것을 기다리다 트로이 병사들에게 포로로 잡혔다는 것이다.

시논이 그리스의 첩자라는 것을 생각지도 못한 프리아모스 왕은 그의 신세를 불쌍히 여기고 그의 결박을 풀어주라고 지시하였다. 프리아모스 왕은 시논에게 왜 그리스인들이 거대한 목마를 바닷가에 남겨두고 떠났는지 물었다. 시논의 말인 즉슨, 오디세우스와 디오메데스가 팔라디온(혹은 팔라디움)을 신전에서 빼돌렸을 때 경비병들을 죽인 피 묻은 손으로 아테나 여신의 머리띠를 만진 뒤 아테나 여신의 마음이 돌아섰다고 한다. 팔라디온이 그리스 진영에 안치되자 신상의 눈에서

는 불이 번쩍였고 온몸에서는 소금 땀이 흘렀으며 방패와 창을 흔들고 세 번씩이나 펄쩍 뛰어올랐다고 한다. 그래서 그들은 아테나 여신의 분노를 진정시키기 위한 속죄의 제물로 목마를 만들었다고 한다. 하지만 목마를 트로이 인들이 성 안으로 끌고 가 경건하게 모시면 트로이는 아테나 여신의 보호를 받을 수 있기 때문에 목마를 성 안으로 끌고 들어가지 못하게 크게 만들었다고 한다.

트로이 성의 함락

트로이인들은 시논의 기막힌 연기에 모두 속아 누구도 그를 의심하지 않았다. 그때 시논의 말에 신빙성을 더해주는 절묘한 사건이 발생한다. 라오콘이 포세이돈에게 제물을 바치고 있을 때 바다에서 두 마리 거대한 뱀이 나와 그의 두 아들의 작은 몸통을 칭칭 감고는 그들의 사지를 뜯어먹었다. 이어서 라오콘을 붙잡아 그의 몸을 휘감자 라오콘이 무시무시한 소리를 지르면서 빠져나오기 위해 발버둥을 쳤지만 그의 머리띠는 피와 독으로 물들었다. 이 광경을 본 트로이 군사들은 라오콘이 목마를 모독했기 때문에 벌을 받은 것으로 생각하여 목마를 성 안으로 들여 여신에게 탄원해야 한다고 모두 외쳤다.

그들은 성벽을 뚫고 길을 내서 불길한 목마를 결국 신성한 성채 위에 세웠다. 라오콘처럼 예언자 카산드라도 목마를 들이면 트로이 성은 곧 함락된다고 말렸지만 아무도 그녀의 말을 믿지 않았다. 아폴론이 내린 벌로 그녀의 말은 설득력을 잃었기 때문이다.('카산드라' 참조)

트로이는 그리스군이 떠난 것을 기뻐하는 잔치를 벌였고 도시는 곧 깊은 잠에 빠졌다. 밤이 깊어지자 시논이 횃불로 테네도스 섬 뒤에 숨어 있던 그리스군에 신호를 보내 그리스군 함대를 되돌아오게 하는 한편, 목마의 옆구리의 문을 열어 그리스의 정예군을 나오게 하였다. 그들은 트로이 성문을 점령하고 배를 타고 되돌아온 그리스군들과 함께 트로이 성을 맹렬히 공격하여 함락시켰다.

시니스 Sinis

요약

그리스 신화에서 영웅 테세우스가 코린토스 지협을 따라 아테네로 가면서 무찌른 악당들 중 한 명이다.

그는 지나는 길손을 붙잡아 잔뜩 구부린 두 개의 소나무 가지에 팔다리를 묶은 뒤 나무를 다시 펴지게 하여 찢어 죽였다. 테세우스는 그를 똑같은 방식으로 죽였다.

기본정보

구분	신화 속 인물
외국어 표기	그리스어: Σίνις
별칭	소나무를 구부리는 자
관련 상징	소나무
관련 신화	테세우스의 모험

인물관계

시니스는 폴리페몬과 실레아 사이에서 태어난 아들이다. 그에게는 페리구네라는 딸이 있었는데 그녀는 테세우스와 사이에서 멜라니포스라는 아들을 낳았다. 페리구네는 나중에 에우리토스의 아들 데이오네우스과 결혼하였다.

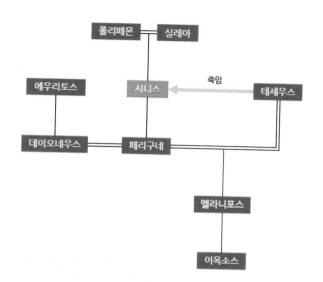

신화이야기

테세우스의 모험

시니스는 테세우스가 아버지를 찾아 아테네로 가는 모험에 등장하는 악당이다. 테세우스는 아테네의 왕 아이게우스가 신탁의 의미를 물으러 트로이젠의 예언자 피테우스를 찾아갔을 때 그의 딸 아이트라와 동침하여 낳은 아들이다. 아이게우스는 아이트라가 임신한 걸 알고는 커다란 바위가 있는 곳으로 데려가 바위를 들어 올리고 그 밑에 칼과 신발을 넣은 다음 아이가 바위를 들어 올릴 수 있을만큼 자라면 아테네로 보내라고 말하고 트로이젠을 떠났다.

테세우스는 열여섯 살 때 벌써 바위를 들어 올려 그 밑에 있던 칼과 신발을 꺼내들고 아버지에게로 떠났다. 이때 테세우스는 헤라클레스와 같은 업적을 쌓으려는 야심을 품고 손쉬운 바닷길 대신 온갖 괴물과 악당들이 들끓는 육로를 선택했다.

소나무를 구부리는 자

시니스는 피티오캄프테스(Pityokamptes) 즉 '소나무를 구부리는 자'라는 별명으로 불렸는데 이는 그가 저지른 악행과 관계가 있다. 그는 지나가는 나그네를 붙잡아서는 힘껏 구부린 소나무에 팔다리를 묶어 찢어 죽이곤 했기 때문이다. 그가 소나무를 구부려 사람을 죽인 방식에 대해서는 두 가지 이야기가 있다.

하나는 길을 가는 나그네에게 소나무 구부리는 것을 도와달라고 부탁한 다음 둘이 힘을 합쳐 힘껏 소나무를 구부렸을 때 갑자기 손을 놓아 계속 소나무를 붙잡고 있는 사람을 튕겨져 나가게 하는 것이었다. 그러면 그 사람은 하늘로 솟구쳤다가 떨어져 죽었다. 또 다른 이야기는 나그네를 유인하여 붙잡은 뒤 저 혼자 힘으로 소나무 두 그루를 구부려서 그 가지에 나그네의 사지를 묶고 손을 놓아 버렸다는 것이다. 그러면 나그네는 사지가 찢어져 죽었다.

테세우스는 시니스를 똑같은 방식으로 소나무에 묶어 죽여버렸다.

테세우스와 시니스
아티카 적색상도기, 기원전 490년경
뮌헨 국립고대미술박물관

트로이젠에서 아테네에 이르는 코린토스 만 주변의 악당과 괴물을 모두 퇴치한 테세우스는 이미 위대한 업적을 쌓은 영웅으로 알려져 주민들의 환호를 받으며 아테네에 입성하였고 아버지 아이게우스에 뒤이어 아테네의 왕이 되었다.

시니스의 딸 페리구네

시니스에게는 페리구네라는 딸이 있었다. 페리구네는 아버지가 테세우스에게 죽임을 당할 때 아스파라거스 밭에 숨어 있었다고 한다. 그녀는 나중에 테세우스와 사랑을 나누어 멜라니포스라는 아들을 낳았다. 멜라니포스는 다시 이옥소스를 낳았는데 이옥소스의 후손들은 선조의 목숨을 구해준 식물이라 하여 아스파라거스를 매우 귀하게 여겼다고 한다. 페리구네는 나중에 오이칼리아의 왕 에우리토스의 아들 데이오네우스와 결혼하였다.

파우사니아스의 『그리스 안내』에 따르면 시니스의 소나무는 그의 시대에까지도 여전히 남아 있었다고 한다.

시데 Side

요약

 그리스 신화에는 시데라는 이름을 가진 여러 명의 여인이 등장한다. 그 중 가장 유명한 인물은 헤라와 미모를 겨루다 하계로 추방된 오리온의 첫 번째 부인이다.

기본정보

구분	신화 속 인물
상징	죽음, 저승
외국어 표기	그리스어: Σιδη
어원	석류

인물관계

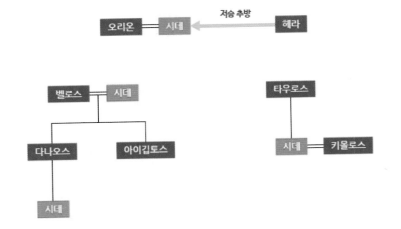

그리스 신화에서 시데라는 이름을 가진 여자는 오리온의 첫 번째 아내, 다나오스의 어머니, 다나오스의 딸, 타우로스의 딸, 그리고 아버지에게 쫓기다 석류로 변한 딸 등이 있다.

신화이야기

오리온의 아내

아폴로도로스에 따르면 오리온은 시데라는 이름의 아름다운 여인과 결혼하였는데, 이 여인은 감히 헤라 여신과 미모를 겨루려고 하다가 저승에 떨어졌다. 헤라 여신은 시데를 벼랑에서 몸을 던지게 만들었는데 그녀가 바위에 부딪혀 흘린 피에서 석류가 자라났다고 한다.

석류와 저승

시데는 보이오티아 지방 언어로 '석류'라는 뜻으로 석류나무 혹은 석류 열매와 동일시된다. 시데가 하계로 보내졌다는 이야기나 석류 열매를 먹는 바람에 하계를 떠날 수 없게 되었다는 페르세포네의 이야기는 석류를 하계, 즉 죽은 자들의 나라와 연결시키고 있다. 석류 열매의 붉은색은 죽음을 상징한다.

그 밖의 다른 시데

그리스 로마 신화에는 시데라는 이름을 가진 여인이 여러 명 등장하는데 대개 같은 이름의 도시를 유래시킨 전설의 인물들이다.

1) 벨로스의 아내로 다나오스와 아이깁토스의 어머니인 시데.

페니키아의 도시 시돈이 그녀의 이름을 따서 세워졌다고 한다. 하지만 일반적으로 다나오스와 아이깁토스를 낳은 벨로스의 아내는 안키노에라고 알려져 있다.

2) 다나오스의 50명의 딸들 중에도 시데라는 이름이 있다. 펠로폰네소스 반도의 작은 도시 시데가 그녀의 이름에서 유래하였다.

3) 타우로스의 딸이자 키몰로스의 아내.

고대 팜필리아 지방의 도시 시데가 그녀의 이름에서 유래하였다.

4) 또 한 명의 시데는 자신을 겁탈하려는 아버지를 피해 도망치다가 어머니의 무덤가에서 스스로 목숨을 끊은 처녀이다. 그녀가 흘린 피에서 석류나무가 자라났으며 신들은 그녀의 아버지를 솔개로 만들어 버렸다고 한다. 고대인들은 그 때문에 솔개가 절대로 석류나무에 내려앉지 않는다고 믿었다.

시링크스 syrinx

요약

아르카디아 지방의 님페이다.

목신 판에게 쫓기다 갈대로 변신했다. 판이 갈대 줄기 몇 개를 연결해서 피리를 만들었고 그 피리를 시링크스라 불렀다.

기본정보

구분	님페
상징	정절, 피리
외국어 표기	그리스어: Συριγξ
관련 신화	판
가족관계	라돈의 딸

인물관계

티탄 12신(오케아노스, 코이오스, 크레이오스, 이아페토스, 히페리온, 크로노스, 테티스, 포이베, 테이아, 레아, 테미스, 므네모시네) 중 하나인 오케아노스의 자식이며 라돈 강의 신 라돈의 딸이다. 강의 신들은 대개 티탄 신족 오케아노스와 테티스의 아들들이다.

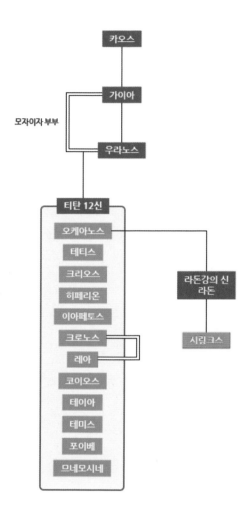

신화이야기

개요

시링크스는 라돈 강의 신 라돈의 딸로 아르카디아 지방에 사는 님 페이다. 『변신이야기』에 의하면 시링크스는 아르카디아 지방에 사는 나무의 요정들 중에서 아름다운 용모로 가장 널리 알려진 요정으로 사티로스들과 온갖 신들의 구애를 받았다고 한다.

시링크스는 순결과 정절을 상징하는 사냥의 여신 아르테미스의 숭배자로 몸가짐 하나하나를 아르테미스를 본받으며 살고 있었다. 사람들은 시링크스를 아르테미스 여신이라 착각할 정도였다.

그러던 어느 날 산과 들을 다니며 가축을 돌보는 목신인 판이 시링크스를 보고는 한눈에 반해 쫓아왔다. 판은 헤르메스의 아들로 상반신은 인간의 모습이지만 태어날 때부터 염소의 뿔과 다리를 갖고 있었다. 호메로스는 판을 "염소의 뿔과 다리를 가진 수염이 난 작은 괴물"이라고 언급하고 있다. 판의 외모는 판을 낳은 엄마까지도 놀라서 달아날 정도였다고 한다. 게다가 시링크스는 아르테미스 여신을 추종하는 삶을 살면서 목숨보다도 순결을 중요시하는 님페였다. 겁에 질려 도망가던 시링크스는 라돈 강까지 오게 되었고 이제 강에 가로막혀 더 이상 도망갈 수 없는 상황에서 판에게 잡힐 참이었다.

판과 시링크스
니콜라 푸생(Nicolas Poussin), 1637년, 드레스덴 알테 마이스터 회화관

『변신이야기』는 시링크스가 갈대로 변하는 상황을 생생하게 묘사하고 있다. 더 이상 도망갈 수 없는 급박한 상황에 시링크스는 강물 속에 있는 언니들 즉 님페들에게 자신의 몸을 바꾸어 달라고 간청했고 그녀의 몸은 곧 갈대로 변해버렸다. 판이 절망에 빠져 한숨을 쉬고 있을 때 "바람이 갈대를 스치며 탄식하는 듯한 가느다란 소리"를 냈다. 판은 예술적 영감을 불러일으키는 이 감미로운 소리에 매혹되어 몇 개의 줄기를 잘라 밀랍으로 붙여 피리를 만들고는 이 피리에 시링크스라는 이름을 붙였다. 이것이 곧 팬파이프의 유래가 되었다.

호색한이었던 판

판은 헤르메스의 아들로 숲과 목동의 신이다. 판은 색을 밝히는 신으로 아름다운 여성들과 님페들 미소년들의 뒤를 쫓아다녔다. 이 중에는 시링크스와 마찬가지로 나무로 변한 님페가 있다.

피티스는 시링크스처럼 정절을 중요시하는 님페인데 그녀도 뒤따라 쫓아오는 판을 피해 도망가다가 더 이상 피할 수가 없게 되자 신들에게 기도하여 소나무로 변했다. 판은 소나무 가지를 꺾어 관을 만들어 머리에 쓰고 다녔다고 한다. 피티스는 나무가 되어서도 판을 피할 수가 없었던 것이다.

판은 달의 여신 셀레네도 아름다운 양털을 주어 유혹하고 사랑의 대가로 흰 소를 선물로 주었다. 일설에 의하면 판은 목소리만 남아 메아리가 된 님페 에코도 사랑했다고 한다.

시빌레 Sibylle

요약

그리스 신화를 비롯하여 여러 신화에 등장하는 무녀이다. 나중에는 무녀를 총칭하는 일반 개념이 되었다.

아폴론으로부터 예언력을 받았고 황홀경의 상태에서 수수께끼 형태로 신탁을 고했다.

기본정보

구분	신화 속 인물
상징	예지력, 예언, 장수
외국어 표기	그리스어: οἰβυλλα
로마신화	시빌라(Sibylla)

인물관계

시빌레는 여러 지역에서 무녀들이 그녀의 이름으로 활동하였던 만큼 출생에 대한 이야기도 다양하다.

1) 테우크로스의 딸 네소와 다르다노스 사이에서 난 딸로 최초의 시빌레

2) 제우스와 포세이돈의 딸 라미아의 딸로 리비아의 시빌레

3) 테오도로스와 님페 사이에서 난 딸로 에리트라이의 시빌레

로마 시대 쿠마이의 시빌레와 동일인으로 추정된다.

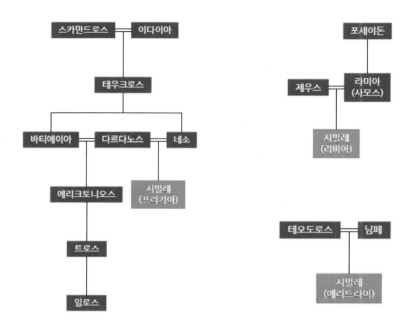

신화이야기

각지의 시빌레

전승에 따르면 최초의 시빌레는 테우크로스의 딸 네소와 다르다노스 사이에서 난 딸로, 예지력을 지니고 태어나 예언자로서 크게 명성을 떨쳤다. 이때부터 시빌레는 여성 예언자를 총칭하는 이름이 되었다.

또 다른 시빌레로는 트로아스의 마르페소스 출신으로 인간 남자와 님페 사이에서 태어난 딸로 원래 이름은 헤로필레이며 트로이가 장차 스파르타 여자로 인해 멸망하게 되리라고 예언하여 유명해졌다. 그녀는 아폴론으로부터 예언 능력을 받았으며 델로스에는 파우사니아스의 시대까지도 그녀가 예언할 때 올라서던 돌이 남아 있었다고 한다.

그리스의 시빌레 중 가장 유명한 인물은 리디아에 살았던 에리트라이의 시빌레다. 그녀는 테오도로스와 님페 사이에서 태어났는데 세상에 나오자마자 빠르게 성장하더니 운문으로 예언을 시작했다고 한다. 부모에 의해 강제로 아폴론 신전에 맡겨졌는데 나중에 자신이 아폴론의 화살에 맞아 죽을 것이라고 예언했다. 그녀는 인간의 삶을 110년씩 아홉 번이나 살았다고 한다.

티부르티나(티부르의 시빌레)의 환영
하르트만 셰델(Hartmann Schedel), 1493년

로마 신화에는 베르길리우스의 『아이네이스』에 나오는 쿠마이의 시빌레(시빌라) 데이포베가 유명하다. 쿠마이의 시빌레는 그리스 신화에 나오는 에리트라이의 시빌레와 동일인물로 간주되기도 한다.

기원전 1세기 로마의 역사가 마르쿠스 바로는 시빌레를 출신지별로 10명으로 구분하여 정리하였다. 바로가 분류한 시빌레는 페르시아의 시빌레, 리비아의 시빌레, 델포이의 시빌레, 키메르의 시빌레, 에리트라이의 시빌레, 쿠마이의 시빌레, 사모스의 시빌레, 헬레스폰트의 시빌레, 프리기아의 시빌레, 티부르의 시빌레 등이다.

쿠마이의 시빌레
미켈란젤로 부오나로티(Michelangelo Buonarroti), 1511년, 시스티나 성당 벽화

193

아폴론과 시빌레

아폴론은 시빌레를 몹시 사랑하여 그녀에게 무슨 소원이든 다 들어주겠다고 했다. 이에 시빌레는 손에 모래를 한 움큼 쥐면서 모래알의 수만큼 장수하게 해달라고 말했고 아폴론은 그 소원을 들어주었다. 하지만 그럼에도 시빌레는 아폴론의 요구에 응하지 않았고 화가 난 아폴론은 그녀가 오랜 세월을 살아가는 동안 계속 늙어 가게 내버려 두었다. 그녀는 시간이 흐를수록 계속해서 쭈그러들었고 결국 매미와 비슷해진 모습으로 쿠마이의 아폴론 신전에 매달린 새장 안에 있었다. 사람들이 그녀에게 다가가 소원이 무엇이냐고 물으면 "죽고 싶어."라고 대답했다고 한다.

쿠마이의 시빌레
안드레아 델 카스타뇨(Andrea del Castagno),
1400년, 우피치 갤러리

아이네이아스와 시빌레

시빌레는 트로이 전쟁을 끝내고 이탈리아로 가던 아이네이아스가 저승을 여행할 때 하데스의 나라에 들어가는 방법을 일러 주었다. 이때 그녀는 이미 700살이 넘은 나이였다. 저승에서 다시 돌아온 아이네이아스는 그녀에게 신전을 지어 주고 제물도 바치겠다고 말했지만 시빌레는 자신이 인간에 불과하다며 이를 거절했다. 그녀는 자신이 손에 쥐었던 모래알의 수가 1,000개였으므로 앞으로 300년을 더 살고 나면 마침내 죽을 것이라고 했다.

시빌레의 예언서

시빌레는 왕정 시대 로마의 마지막 왕인 타르퀴니우스 수페르부스 (재위 BC. 534~BC. 510)에게 9권의 예언서를 가지고 와서 팔겠다고 했다. 하지만 값이 너무 비싸서 거절하자 그녀는 그중 3권을 불에 태운 다음 다시 같은 값으로 나머지를 팔겠다고 했다. 이번에도 왕이 거절했더니 그녀는 다시 3권을 더 태우고 역시 같은 값으로 남은 3권을 사라고 말했다. 이상하게 여긴 왕이 신관들을 불러 물어 보았더니 신관들이 개탄하면서 나머지 책을 사라고 왕에게 권했다. 왕은 결국 남은 3권을 사서 카피톨리움의 유피테르(제우스) 신전에 보관하였다. 이 예언서들은 아우구스투스 황제 치세 때까지도 로마에 지대한 영향을 미쳤다. 나라에 중대사가 발생하거나 초자연적인 일들이 일어나면 로마인들은 시빌레의 예언서를 해석하여 신의 뜻을 물었다.

이 예언서는 기원전 83년에 신전에 발생한 화재로 소실되었다. 그러자 로마인들은 각지에서 비슷한 종류의 예언서들을 구해서 새로운 책으로 편집한 다음 아우구스투스 황제 때인 서기 12년에 팔라티누스 언덕의 아폴로 신전에 보관하였다.

이후 시빌레의 예언서를 흉내낸 위서들이 『시빌라의 탁선』이란 제목으로 만들어져 이집트의 디아스포라 유대인들과 초기 기독교도들을 중심으로 확산되었다. 주로 종말론과 유일신앙을 강조하는 내용이 담긴 이 책들은 비밀스런 예언서의 형태로 중세시대에까지도 많은 영향을 미쳤다.

신화해설

　고대 신화에 등장하는 시빌레의 기원은 소아시아 지역으로 추정된다. 그녀에 대한 숭배 문화의 뿌리는 소아시아 지역에서 행해지던 대모지신(大母地神)에 대한 비교 의식, 예를 들면 키벨레 여신 숭배 등에서 찾을 수 있다. 이것이 황홀경 속에서 예언을 쏟아내는 고대 오리엔트의 무녀 형식을 취하면서 남성 예언자에 대비되는 카산드라와 같은 여성 예언자의 형태로 그리스 신화에 받아들여진 것으로 보인다.

　호메로스의 예언자들 중에는 시빌레라는 이름이 눈에 띄지 않는다. 기원전 5세기 이전까지는 그리스의 문헌에서 시빌레를 찾아볼 수 없으며 처음으로 언급된 것은 헤라클레이토스의 단편에서이다. 그 후 플라톤, 아리스토파네스, 에우리피데스 등의 작품에서 시빌레가 등장하는데 이때는 이미 그 이름이 독자들에게 익숙했던 것으로 보인다.

시빌레
프란체스코 바치아카(Francesco Bacchiacca)
1525~1550년경, 빈 미술사 박물관

시시포스 Sisyphus

요약

그리스 신화에 나오는 코린토스의 왕으로 코린토스 도시의 창건자(창건 당시의 이름은 에피라였다)이다.

교활하고 못된 지혜가 많기로 유명했던 시시포스는 제우스의 분노를 사 저승에 가게 되자 저승의 신 하데스를 속이고 장수를 누렸다. 하지만 그 벌로 나중에 저승에서 무거운 바위를 산 정상으로 밀어 올리는 영원한 형벌에 처해졌다고 한다.

기본정보

구분	코린토스의 왕
상징	약은 꾀, 속임수, 못된 지혜
외국어 표기	그리스어: Σίουφος
관련 상징	바위
관련 신화	오디세우스, 아이기나, 벨레로폰
가족관계	아이올로스의 아들, 살모네우스의 형제, 아타마스의 형제, 메로페의 남편

인물관계

시시포스는 그리스인의 시조 헬렌의 아들인 아이올로스와 에나레테 사이에서 태어난 아들로 살모네우스, 아타마스, 크레테우스와 형제이다. 시시포스는 플레이아데스 자매 중 한 명인 메로페와 결혼하여 글라우코스, 오르니티온, 테르산드로스, 할모스 등 네 아들을 낳았다. 글라우코스는 니소스의 딸 에우리노메와 결혼하여 영웅 벨레로폰을 낳았다. 하지만 벨레로폰은 에우리노메가 해신 포세이돈과 정을 통해서 낳았다는 이야기도 있다.

일설에는 라에르테스와 안티클레이아의 아들 오디세우스가 실은 시시포스와 안티클레이아의 아들이라고도 한다.

신화이야기

아우톨리코스의 도둑질을 잡아낸 시시포스

아우톨리코스는 전령의 신이자 도둑들의 수호신인 아버지 헤르메스로부터 절대로 들키지 않고 훔치는 기술을 물려받은 도둑질의 명수다. 아우톨리코스는 시시포스의 소떼를 훔친 뒤 색깔과 모양을 바꾸어 더 이상 누구의 소인지 알아볼 수 없게 만들었다. 그러나 아우톨리코스의 신출귀몰한 재주도 교활한 시시포스 앞에서는 통하지 않았다. 시시포스는 소가 점점 줄어드는 것을 알아채고 소의 발굽에 칼로 글자를 새겼다. 그리고는 글자가 찍힌 소의 발굽 자국이 어디로 향하였는지 확인하여 아우톨리코스로 하여금 소를 훔쳐간 사실을 자백하게 만들었다.

아우톨리코스는 시시포스가 도둑맞은 소들을 되찾기 위해 찾아왔을 때 그의 소떼를 훔친 데 대한 보상으로 자신의 딸 안티클레이아를 시시포스와 동침시켰다.(일설에는 도둑질을 빌미로 시시포스가 아우톨리코스에게 딸을 요구했다고도 한다) 그 뒤 안티클레이아는 이타카의 왕 라에르테스와 결혼하여 오디세우스를 낳았는데 결혼할 때 이미 오디세우스를 임신한 상태였다고 한다. 그래서 오디세우스는 시시포스의 아들이라는 이야기가 있다.

티로와 시시포스

시시포스와 살모네우스는 형제였지만 사이가 몹시 나쁜 원수지간이었다. 시시포스는 델포이의 신탁에 어떻게 해야 살모네우스를 죽일 수 있는지 물었다. 그러자 살모네우스의 딸 티로에게서 얻은 자식이 살모네우스를 죽이게 될 것이라는 신탁이 내려졌다. 이에 시시포스는 티로와 결혼하였고 티로는 시시포스에게 두 아들을 낳아 주었다. 하지만 나중에 시시포스에게 내려진 신탁의 내용을 알게 된 티로는 결국 제 손으로 두 아들을 죽이게 된다.

이스트미아 제전의 창설

코린토스에서는 해신 팔라이몬을 기리는 이스트미아 제전이 열렸다. 코린토스에서 이 제전이 열리게 된 유래는 다음과 같다.

카드모스와 하르모니아의 딸 이노는 시시포스의 형제인 아타마스와 결혼하여 멜리케르테스를 낳았다. 하지만 이노는 자매인 셀레네가 제우스에게서 낳은 디오니소스를 돌봐주었다가 헤라 여신의 분노를 사 멜리케르테스와 함께 바닷물에 몸을 던져 죽음을 맞게 된다.('이노' 참조) 이때 돌고래 한 마리가 메가라와 코린토스 인근 해안에서 멜리케르테스의 시신을 건져다 소나무에 걸어놓았는데 이를 당시 코린토스를 다스리던 시시포스가 발견하고는 조카의 장례를 치러주었다. 시시포스는 멜리케르테스에게 팔라이몬이라는 이름을 붙이고 신으로 예우를 하였으며 그를 기리는 장례 경기로 이스트미아 제전을 창설하였다고 한다.

죽음을 피한 시시포스

코린토스의 왕이 된 시시포스는 어느 날 제우스가 강의 신 아소포스의 딸 아이기나를 유괴해가는 것을 보았다. 제우스는 그녀를 오이노네 섬으로 데려가 범하여 아들 아이아코스를 낳게 하였다. 아소포스는 사라진 딸을 찾아 그리스 방방곡곡을 돌아다녔지만 소용이 없었다. 시시포스는 아소포스에게 아이기나의 행방을 알고 있다면서 코린토스의 아크로폴리스에 샘물이 솟아나게 해주면 알려주겠다고 했다. 아소포스가 요구를 들어주자 시시포스는 그에게 커다란 독수리 한 마리가 아름다운 아이기나를 품에 안고 오이노네 섬으로 날아가는 것을 보았다고 말해주었다. 아소포스가 아이노네 섬으로 쳐들어갔지만 제우스는 벼락을 내리쳐서 아소포스를 다시 원래의 물줄기로 되돌려 보냈다. 이때부터 아소포스 강의 바닥에서는 시커먼 석탄이 나오기 시작했다고 한다.

한편 제우스는 시시포스의 고자질에 분노하여 죽음의 신 타나토스를 보내 그를 저승으로 데려가라고 했다. 하지만 꾀 많은 시시포스는 오히려 타나토스를 속여 토굴에 감금해 버렸다. 그러자 지상에서는 아무도 죽는 사람이 없게 되었다. 이에 신들은 군신 아레스를 보내 타나토스를 풀어주었고 타나토스는 다시 시시포스를 찾아가 기어코 저승으로 데려갔다.

하지만 이를 미리 예상한 시시포스는 저승으로 끌려가기 직전에 아내 메로페에게 절대로 자신의 장례를 치르지 말라고 당부하였다. 저승의 왕 하데스는 지상에서 그의 장례가 치러지지 않는 것을 이상히 여겨 시시포스에게 이유를 물었다. 그러자 시시포스는 아내의 경건하지 못한 행실을 한탄하며 하데스에게 다시 지상으로 보내주면 아내를 응징하고 잘못을 바로잡은 뒤 돌아오겠다고 하였다. 이에 하데스는 그를 다시 지상으로 돌려보냈다.(일설에는 하데스의 아내 페르세포네가 장례를 치르고 오라고 시시포스를 지상으로 돌려보냈다고도 한다) 그러나 지상으

시시포스
티치아노 베첼리오(Tiziano Vecellio), 1548~1549년, 프라도 미술관

로 간 시시포스는 다시 돌아오지 않고 오래오래 장수를 누리며 살았다고 한다.

시시포스의 형벌

하지만 시시포스의 속임수와 약은 행실은 나중에 저승에서 커다란 벌로 돌아왔다. 저승에서 시시포스가 받은 벌은 무거운 바위를 산 위로 밀어 올리는 것이었다. 그러나 그가 힘겹게 정상까지 밀어 올리면 바위는 다시 아래로 굴러 내렸기 때문에 시시포스는 영원히 똑같은 일을 반복해야 했다.

저승에서 시시포스를 지켜보는 페르세포네
아티카 흑색상도기, 기원전 530년
뮌헨 국립 고대미술관

프랑스의 실존주의 철학자 알베르트 카뮈는 수필집 『시시포스의 신화』에서 이와 같은 시시포스의 노역을 인간이 처한 실존적 부조리를 상징하는 상황으로 묘사하였다.

실레노스 Silenus

요약

　실레노스는 일반적으로 늙은 사티로스들을 통칭하는 이름이다. 그런데 디오니소스 신화와 관련하여 특별한 개성을 지닌 실레노스가 등장하면서 실레노스는 주로 이 특정한 실레노스를 지칭하는 용어로 쓰인다. 실레노스는 디오니소스 신화에서 디오니소스의 양육자이자 스승으로 나온다.

기본정보

구분	사티로스(반은 사람, 반은 동물)
상징	술
외국어 표기	그리스어: Σειληνός
관련 신화	디오니소스, 미노스, 사티로스
관련 동식물	당나귀
가족관계	가이아의 아들, 헤르메스의 아들, 판의 아들

인물관계

　실레노스의 부모에 대해서는 여러 가지 이야기들이 전해진다. 논노스에 의하면 그는 땅에서 솟아났다고 한다. 다시 말해서 그는 대지의 여신 가이아의 아들로 전해지는 것이다. 그밖에 헤르메스의 아들이라는 이야기도 있고 판의 아들이라는 이야기도 있는 등 여러 가지이다.

신화이야기

사티로스와 실레노스

  사티로스는 산과 들에 사는 요정으로 상반신은 인간의 모습이지만 말의 꼬리와 말의 다리 혹은 염소의 다리와 짧은 뿔을 지닌 반인반수의 존재이며 복수형은 사티로이(Satyroi)이다. 사티로스들은 디오니소스 의식과 향연에 춤추고 노래하는 여자들 즉 마이나스와 함께 디오니소스 제례에 참여하곤 했다.

  실레노스는 일반적으로 늙은 사티로스들을 통칭하는 이름이며 복수형은 실레노이(Silenoi)이다. 그런데 시간이 지나면서 실레노이 중에서 디오니소스 신화와 밀접한 관계가 있는 특별한 개성을 가진 실레노스가 등장한다. 그리하여 나중에는 실레노스란 용어가 디오니소스에 나오는 특정한 실레노스를 지칭하는 표현으로 쓰이게 되었다.

실레노스와 디오니소스

  포도주의 신 디오니소스 신화에서 실레노스는 디오니소스의 양육자이자 스승으로 나온다. 제우스의 아들인 디오니소스는 태어나면서 고난의 길을 걷게 된다. 제우스의 사랑을 받아 임신을 하게 된 세멜레가 질투심에 불타는 헤라의 꼬임에 넘어가 벼락을 맞고 불에 타 죽는다. 이에 아기의 아버지 제우스는 세멜레의 뱃 속에 있는 아기를 재빨리 빼내 자신의 허벅지에 넣고 꿰맨다. 아버지 제우스의 허벅지에서 달을 채우고 나온 아이가 바로 디오니소스이다. 제우스는 헤라의 눈을 피하기 위해 전전하다 디오니소스를 그리스에서 멀리 떨어진 니사로 옮겨 니사의 님페들에게 양육을 맡겼다. 이때 실레노스는 님페들과 함께 디오니소스를 양육하면서 스승의 역할도 한다.

  『변신이야기』에는 실레노스가 디오니소스의 양아버지라고 언급되어 있다. 그는 뚱뚱하고 못생기고 대개의 경우 술에 취한 모습으로 등장

술 취한 실레노스
주세페 데 리베라(Jusepe de Rivera), 1626년, 나폴리 카포 디 몬테 박물관

한다. 실레노스는 "술에 취해 비틀거리는 팔다리를 지팡이에 의지하거나 구부정한 당나귀 등에 아슬아슬하게 매달려있는 노인네"로 묘사되어 있다. 실레노스는 디오니소스를 추종하는 여자들인 마이나스들과 사티로스들의 무리에 끼어 디오니소스를 따르는 행렬에 함께 하면서 그가 벌이는 향연 및 제의에 참가한다.

실레노스와 미다스

앞에서 언급한 바와 같이 실레노스는 대부분의 경우 술에 잔뜩 취해 있기 때문에 당나귀 위에서 몸을 가누지 못할 정도로 아슬아슬하게 매달려 있고 종종 당나귀 등에서도 떨어지는 경우가 있다. 어느 날 디오니소스와 그의 추종자들이 프리기아 지방에서 행렬을 하고 있는 동안 실레노스가 술에 취해 비틀거리다 행렬에서 벗어나게 된다. 『변신이야기』는 이에 관해 다음과 같이 전하고 있다.

"프리기아의 농부들이 술에 취해 몸을 가누지 못하는 나이 많은 실
레노스를 붙잡아 화환으로 묶어 미다스 왕에게 데려갔던 것이다."

미다스는 실레노스가 디오니소스와 가까운 사이라는 것을 알고 있
었기에 열흘 밤 열흘 낮 잔치를 벌여 실레노스를 환대하고는 디오니
소스에게 돌려보냈다. 여기서 그 유명한 미다스 왕의 황금 이야기가
나온다.

디오니소스는 양아버지인 실레노스를 극진하게 대접하고 그를 무사
히 돌려보내준 미다스 왕에게 소원 하나를 들어주겠다고 했다. 이에
미다스 왕은 자신의 몸에 닿는 것은 모두 황금이 되게 해달라고 했
다. 그러나 이 소원은 미다스 왕에게는 재앙이고 저주였다. 몸에 닿자
마자 모든 것이 금으로 변하면서 빵 한 조각도 먹을 수 없고 물 한 모
금도 마실 수 없는 미다스 왕은 곧 저주로부터 벗어나게 해달라고 기
도하였고 디오니소스는 미다스를 원래의 상태로 되돌려 주었다.

이 이야기는 양아버지와 양아들의 관계로 표현되는 실레노스와 디
오니소스의 관계가 얼마나 각별한지를 보여준다.

실레노스의 반려동물 당나귀의 죽음

디오니소스 다음으로 실레노스와 가까운 존재로 단연 그의 당나귀
를 언급할 수 있을 것이다. 늘 실레노스와 함께 등장하는 그의 당나귀
는 신화 속에서 실레노스 없이도 주요한 배역으로 등장하는 경우가
있다. 오비디우스가 쓴 『로마의 축제일들』의 프리아포스 일화에 실레
노스의 당나귀가 등장한다.

사랑의 여신 아프로디테의 아들로 거대한 남근을 지닌 추한 외모의
프리아포스는 포세이돈의 아름다운 딸인 님페 로티스를 사랑하게 되
었다. 디오니소스 축제에 참가하여 즐거운 시간을 보낸 로티스가 외딴
곳 단풍나무 아래 풀밭에서 곤하게 잠이 든 사이 프리아포스가 살며

시 다가가 막 요정을 범하려는 순간 느닷없이 당나귀 한 마리가 울부짖는 바람에 모든 일이 수포로 돌아가게 되었다. 이 당나귀가 바로 실레노스의 당나귀인 것이다. 당나귀가 우는 바람에 사랑에 실패한 프리아포스는 즉시 당나귀를 죽여버렸다.

오비디우스는 이 이야기와 연관지어 프리아포스에게 제사를 지낼 때 당나귀를 제물로 바치는 풍습을 설명하고 있다.

실비우스 Silvius

요약

  로마 신화에 등장하는 아이네이아스의 아들로 알바 롱가의 두 번째 왕이다.
  실비우스의 치세 이후로 알바 롱가의 왕들은 모두 '실비우스'라는 별칭을 사용하였다. 알바 롱가는 로마의 모태가 된 왕국이다.

기본정보

구분	알바 롱가의 왕
외국어 표기	라틴어: Silvius
관련 신화	아이네이아스의 이탈리아 정착, 로마 건국
가족관계	아이네이아스의 아들, 라비니아의 아들

인물관계

  실비우스는 아이네이아스와 라비니아 사이에서 태어난 아들로 아스카니오스와 이복형제이다. 아스카니오스에 이어 알바 롱가의 왕에 오른 실비우스는 이후로 알바 롱가를 다스린 모든 왕들에게 '실비우스'라는 별칭을 남겼다. 그의 아들은 할아버지의 이름을 따서 '아이네아스 실비우스'라고 불렸다.

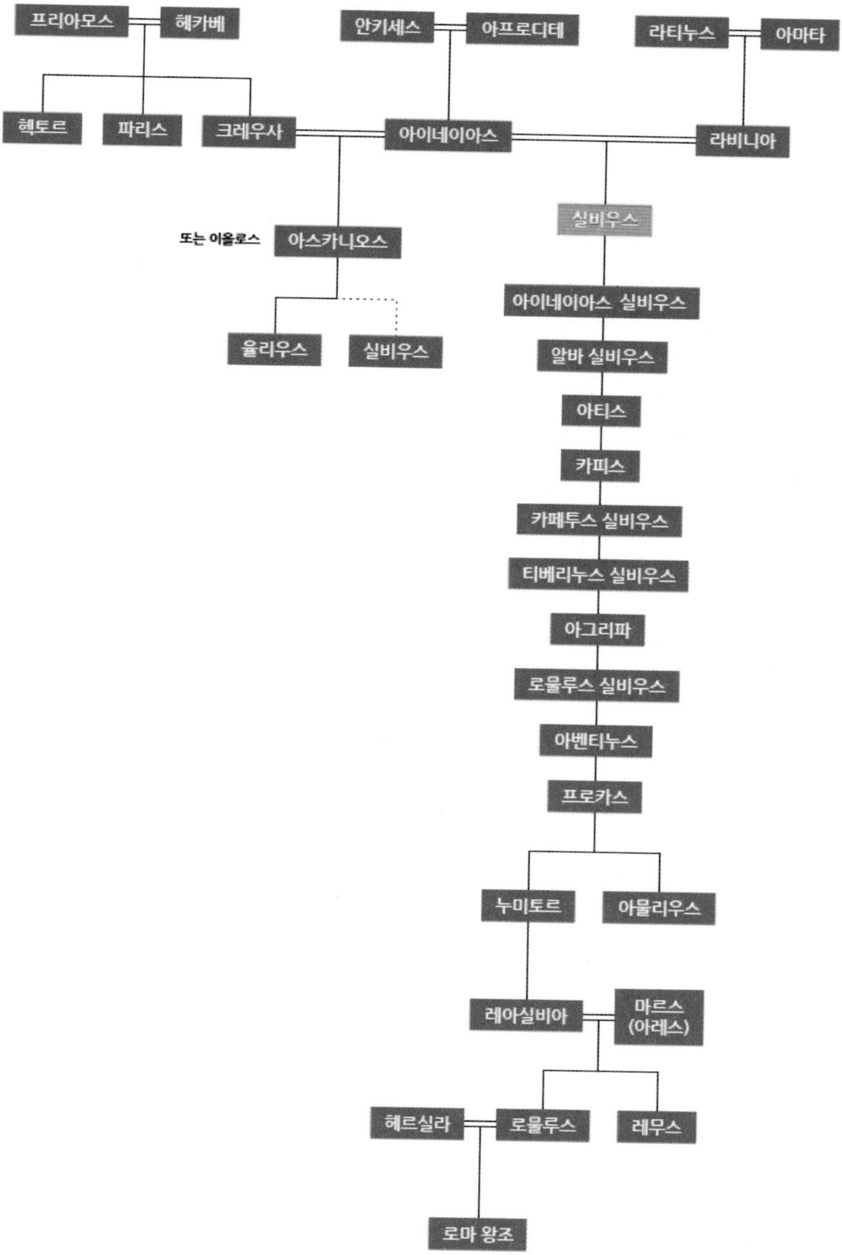

프리아모스 — 헤카베
안키세스 — 아프로디테
라티누스 — 아마타

헥토르 · 파리스 · 크레우사 — 아이네이아스 — 라비니아

또는 이올로스 · 아스카니오스

실비우스

율리우스 · 실비우스

아이네이아스 실비우스

알바 실비우스

아티스

카피스

카페투스 실비우스

티베리누스 실비우스

아그리파

로물루스 실비우스

아벤티누스

프로카스

누미토르 · 아물리우스

레아실비아 — 마르스(아레스)

헤르실라 — 로물루스 · 레무스

로마 왕조

신화이야기

알바 롱가의 두 번째 왕에 오른 실비우스

　트로이가 패망한 뒤 트로이의 유민들을 이끌고 이탈리아 중부 해안에 도착한 아이네이아스는 라티움 지방을 다스리는 라티누스 왕의 딸 라비니아와 결혼하여 트로이인들과 라티니인들을 결합시킨 왕국 라비니움을 건설하였다.

실비우스
기욤 루이예(Guillaume Rouille)의 『위인 전기 모음』에 수록된 삽화, 1553년

　라비니아와 아이네이아스 사이에서는 아들 실비우스가 태어났는데 일설에 실비우스는 아버지가 죽고 난 뒤에 태어난 유복자라고 한다. 아이네이아스가 이탈리아에 정착하여 라비니움을 건설할 때 그에게는 트로이에서 함께 온 장성한 아들 아스카니오스가 있었다. 아스카니오스는 아이네이아스가 죽은 뒤 라비니움의 왕에 올랐다. 그러자 실비우스를 임신 중이었던 라비니아는 아스카니오스가 자신의 아들을 해칠까 두려워 숲으로 피신하여 티루스 혹은 티레누스라는 목동의 집에서 아이를 낳았다. 티루스와 라비니아는 그 후 아스카니오스에 대한 라티움 원주민들의 미움을 부추기면서 실비우스의 세력을 키웠다. 이에 아스카니오스는 이복형제 실비우스에게 라비니움을 양보하고 로마의 남동쪽에 위치한 알바 산 기슭에 새로운 왕국을 건설하였다. 이 나라가 훗날 로마 제국의 모태가 되는 알바 롱가였다. 그 후 아스카니오스는 후사가 없이 죽음을 맞게 되었고 이복형제 실비우스를 불러 자신의 뒤를 이어 알바 롱가의 왕에 오르게 하였다.

하지만 다른 이야기에 따르면 아스카니오스에게는 율리우스라는 아들이 있었지만 실비우스가 라티움 원주민의 지지를 등에 업고 아스카니오스에 뒤이어 알바 롱가의 왕위를 차지하였다고 한다. 또 실비우스가 실은 아스카니오스의 이복형제가 아니라 아들이라는 이야기도 있다.

로마의 건국

실비우스는 알바 롱가를 29년 동안 다스린 뒤 할아버지의 이름을 따서 아이네이아스 실비우스라고 불리는 아들에게 왕위를 물려주었다. 실비우스 이후로 알바 롱가의 왕들은 모두 실비우스라는 이름도 함께 물려받았다. 알바 롱가 왕조는 실비우스의 혈통에 의해 계속 이어지다가 누미토르의 대에 이르러 로마를 건국하게 된다.

로마의 건국 신화에 따르면, 누미토르의 딸 레아 실비아가 군신 마르스(그리스 신화의 아레스)와 결합하여 낳은 쌍둥이 로물루스와 레무스 형제에 의해 로마가 건국되었다고 한다. 로물루스는 로마의 초대왕으로 간주된다.

• 참고문헌 •

게롤트 돔머무트 구드리히; 〈신화〉

게르하르트 핑크; 〈그리스 로마 신화 속 인물들〉

괴테; 〈파우스트 II〉, 〈가니메드〉

논노스; 〈디오니소스 이야기〉, 〈디오니시아카〉

단테; 〈신곡 지옥편〉

디오니시오스; 〈로마사〉

디오도로스 시켈로스; 〈역사 총서〉

레싱; 〈라오코온〉

로버트 그레이브스; 〈그리스 신화〉

루키아노스; 〈대화〉

리비우스 안드로니쿠스; 〈오디세이아〉

리코프론; 〈알렉산드라〉

마르쿠스 바로; 〈농업론〉, 〈라틴어에 관하여〉

마리 셸리; 〈프랑켄슈타인〉

마이어스 백과사전, '바실리스크'

마이클 그랜트; 〈그리스 로마 신화사전〉

마크로비우스; 〈사투르날리아〉

몸젠; 〈라틴 명문 전집〉

밀턴; 〈실락원〉, 〈코머스〉

베르길리우스; 〈농경시〉, 〈목가〉, 〈아이네이스〉

보카치오; 〈데카메론〉

비오 2세; 〈비망록〉

세네카; 〈파에드라〉

세르비우스; 〈베르길리우스 주석〉

셰익스피어; 〈한여름 밤의 꿈〉

소포클레스; 〈오이디푸스 왕〉, 〈콜로노스의 오이디푸스〉, 〈안티고네〉, 〈수다(Suda)
　　　　　백과사전〉, 〈에피고노이〉, 〈트라키아의 여인〉, 〈텔레포스 3부작〉, 〈필
　　　　　록테테스〉, 〈테레우스〉, 〈엘렉트라〉, 〈아이아스〉

솔리누스; 〈세계의 불가사의〉

수에토니우스; 〈베스파시아누스〉

스테파누스 비잔티누스; 〈에트니카〉

스트라본; 〈지리지〉

실리우스 이탈리쿠스; 〈포에니 전쟁〉

아라토스; 〈천문〉

아르노비우스; 〈이교도들에 대해서〉

아리스타르코스; 〈호메로스의 일리아스 주석〉

아리스토파네스; 〈개구리〉, 〈여자의 축제〉, 〈정치학〉, 〈벌〉, 〈아카르나이 사람들〉,
            〈여자들의 평화〉

아리안; 〈알렉산더 원정〉

아엘리안; 〈동물 이야기〉

아우구스투스; 〈아우구스투스 업적록〉

아우구스티누스; 〈신국〉

아이소푸스; 〈우화〉

아이스킬로스; 〈아가멤논〉, 〈자비로운 여신들〉, 〈결박된 프로메테우스〉, 〈오레스테
            스 3부작〉, 〈자비로운 여신들〉, 〈제주를 바치는 여인들〉, 〈탄원하
            는 여인들〉, 〈테바이 공략 7장군〉, 〈오이디푸스 3부작〉, 〈페르시아
            여인들〉

아테나이오스; 〈현자들의 식탁〉〈현자들의 연회〉

아폴로니오스 로디오스; 〈아르고나우티카〉, 〈아르고호의 모험〉, 〈황금양피를 찾아
            떠난 그리스 신화의 영웅 55인〉

아폴로도로스; 〈비블리오테케〉, 〈원전으로 읽는 그리스 신화〉, 〈아폴로도로스 신
            화집〉

아폴레이우스; 〈황금의 당나귀〉

안토니누스 리베랄리스; 〈변신이야기 모음집〉

안티클레이데스; 〈노스토이(귀향 서사시)〉

알베르트 카뮈; 〈시시포스의 신화〉

에리토스테네스; 〈별자리〉

에우리피데스; 〈레수스〉, 〈안드로마케〉, 〈크레스폰테스〉, 〈안티오페〉, 〈크레스폰테스〉, 〈알케스티스〉, 〈메데이아〉, 〈감금된 멜라니페〉, 〈현명한 멜라니페〉, 〈이피게네이아〉, 〈헤리클레스의 후손들〉, 〈오레스테스〉, 〈힙시필레〉, 〈박코스 여신도들〉, 〈트로이 여인들〉, 〈멜레아그로스〉, 〈키클롭스〉, 〈페니키아 여인들〉, 〈헬레네〉, 〈화관을 바치는 히폴리토스〉

에우세비우스; 〈복음의 준비〉

에우스타티우스 〈호메로스 주석집〉

오비디우스; 〈변신이야기〉, 〈헤로이데스〉, 〈달력〉, 〈로마의 축제일〉, 〈사랑의 기술〉

요한 요하임 빙켈만; 〈박물지〉

월터 카우프만; 〈비극과 철학〉

이시도루스; 〈어원지〉

이진성; 〈그리스 신화의 이해〉

임철규; 〈그리스 비극, 인간과 역사에 바치는 애도의 노래〉

작자 미상; 〈아르고나우티카 오르피카〉

작자 미상; 〈호메로스의 찬가〉

제프리 초서; 〈캔터베리 이야기〉

존 드라이든; 〈돌아온 아스트라이아〉

존 키츠; 〈라미아〉

최복현; 〈신화, 사랑을 이야기하다〉

카를 케레니; 〈그리스 신화〉

카시우스 디오; 〈로마사〉

칼리마코스; 〈데메테르 찬가〉, 〈제우스 찬가〉

퀸투스 스미르네우스; 〈호메로스 후속편〉

크리스토퍼 말로; 〈포스터스 박사의 비극〉

크세노폰; 〈헬레니카〉, 〈테로크리토스에 대한 주석집〉

클라우디우스 아에리아누스; 〈다채로운 역사(varia historia)〉

키케로; 〈신에 관하여〉, 〈의무론〉

토마스 불핀치; 〈그리스 로마 신화〉

투키디데스; 〈펠로폰네소스 전쟁사〉, 〈역사〉

트제트제스; 〈리코프론 주석집〉

티투스 리비우스; 〈로마건국사〉

파르테니오스; 〈사랑의 비애〉

파우사니아스; 〈그리스 안내〉

파테르쿨루스; 〈로마사〉

포티우스(콘스탄티노플); 〈비블리오테카〉

폴리아이누스; 〈전략〉

프로페르티우스; 〈애가〉

플라톤; 〈국가론〉, 〈향연〉, 〈고르기아스〉, 〈프로타고라스〉, 〈파이드로스〉, 〈티마이
　　　오스〉, 〈파이돈〉

플루타르코스; 〈모랄리아〉, 〈사랑에 관한 대화〉, 〈로물루스〉, 〈사랑에 관한 대화〉,
　　　〈영웅전-로물루스편〉, 〈영웅전-테세우스편〉, 〈강에 대하여〉

플리니우스; 〈박물지〉

피에르 그리말; 〈그리스 로마 신화사전〉

핀다로스; 〈네메이아 찬가〉, 〈올림피아 찬가〉, 〈피티아 찬가〉

필로스트라토스; 〈아폴로니오스의 생애〉

헤라클레이토스; 〈단편〉

헤로도토스; 〈역사〉

헤시오도스; 〈신들의 계보〉, 〈여인들의 목록〉, 〈헤라클레스의 방패〉, 〈일과 날〉

헤시키오스; 〈사전〉

호라티우스; 〈서간문〉

호메로스; 〈일리아스〉

히기누스; 〈이야기〉, 〈천문학〉

히에로니무스; 〈요비니아누스 반박〉

그리스 로마 신화 인물사전 4

1판 1쇄 인쇄 2020년 11월 10일
1판 1쇄 발행 2020년 11월 16일

지은이 박규호, 성현숙, 이민수, 김형민

디자인 씨오디
지류 상산페이퍼
인쇄 다다프린팅

발행처 한국인문고전연구소 발행인 조옥임
출판등록 2012년 2월 1일(제406－251002012000027호)
주소 경기 파주시 미래로 562 (901－1304)
전화 02－323－3635 팩스 02－6442－3634 이메일 books@huclassic.com

ISBN 978－89－97970－59－9 04160
      978－89－97970－55－1 (set)